Toolbox Customer Experience

Thomas Suwelack

Toolbox Customer Experience

Wie Sie Schritt für Schritt eine exzellente Kundenerfahrung schaffen

Thomas Suwelack
Brand Innovation
Brand University of Applied Sciences
Hamburg, Deutschland

ISBN 978-3-658-30697-7   ISBN 978-3-658-30698-4 (eBook)
https://doi.org/10.1007/978-3-658-30698-4

Die Deutsche Nationalbibliothek verzeichnet diese Publikation in der Deutschen Nationalbibliografie; detaillierte bibliografische Daten sind im Internet über http://dnb.d-nb.de abrufbar.

Springer Gabler
© Der/die Herausgeber bzw. der/die Autor(en), exklusiv lizenziert durch Springer Fachmedien Wiesbaden GmbH, ein Teil von Springer Nature 2020

Springer Gabler ist ein Imprint der eingetragenen Gesellschaft Springer Fachmedien Wiesbaden GmbH und ist ein Teil von Springer Nature.
Die Anschrift der Gesellschaft ist: Abraham-Lincoln-Str. 46, 65189 Wiesbaden, Germany

Vorwort

Liebe Leser,

   zunächst einmal freue ich mich, dass Sie diese Zeilen lesen. Im Sinne eines größtmöglichen Lesevergnügens und persönlichen Nutzens sind Ihre Motive für das Öffnen dieser „Toolbox" hoffentlich nah bei der Kernfrage dieses Buches: Wie können Wirtschaftsunternehmen in der heutigen dynamischen Zeit ein hohes Zielniveau bei der zunehmend wettbewerbsentscheidenden Zielvariable – der Customer Experience – erreichen? Unter Gestaltungsaspekten lässt sich folgende Frage anschließen: Welche Schritte und Tools sind zur Beantwortung der Kernfrage hilfreich oder gar unerlässlich? Die Seiten dieses Buches sollen diese beiden Leitfragen in kompakter und systematischer Form beantworten. Dabei ist mir wichtig, dass die Antworten nicht nur leicht *verständlich* und *nachvollziehbar*, sondern auch in Ihrem Managementalltag oder – falls Sie diese Fragen als Student aus rein konzeptioneller Sicht erörtern wollen – Universitätsalltag erfolgreich *anwendbar* sind.

   In diesem Sinne habe ich ein übersichtliches Customer-Experience-Framework entwickelt, welches die Customer Experience als Ausgangs- und Endpunkt sämtlicher unternehmerischer Aktivitäten definiert. Im Speziellen soll anhand systematischer, aufeinander aufbauender Framework-Schritte sowie innerhalb dieser Schritte zum Einsatz kommender Tools (wie zum Beispiel NPS, Empathy Map, Customer Journey, Golden Circle, Design Thinking, Digital Platform Framework, A/B-Testing) aufgezeigt werden, wie die Unternehmensaktivitäten auf eine solche Art und Weise ausgerichtet und gestaltet werden können, dass der Kunde eine positive Customer Experience erfährt und somit zum Wiederkäufer und Fan des Unternehmens wird. Die Toolbox beinhaltet dabei „Werkzeuge" unterschiedlicher Fachdisziplinen, wie z. B. Management, Design, Digitalisierung oder Psychologie. Denn nur ein interdisziplinäres Vorgehen ermöglicht in der heutigen wettbewerbsintensiven Zeit das Erlangen überlegener Erkenntnisse zur Einleitung der richtigen Markt- bzw. Kundenaktivitäten. Falls Sie noch zögern weiterzulesen, mag Ihnen das illustrierte Customer-Experience-Framework in Abschn. 1.4 eine Hilfestellung bieten.

Das Buch richtet sich einerseits an Manager, die den Kunden bei ihren täglichen Managemententscheidungen im Blick haben müssen und sich einen strukturierten Leitfaden im Sinne klarer Managementschritte sowie eine Toolbox zur Gestaltung der Customer Experience wünschen. Andererseits dient dieses Buch Studenten, die sich z. B. im Vorfeld ihrer beruflichen Laufbahn oder im Kontext eines Seminars einen kompakten Überblick verschaffen wollen über die Art und Weise, wie sich Unternehmen in der heutigen Zeit modern ausrichten sollten, um im zukünftigen Wettbewerb bestehen zu können. Die Toolbox soll Ihnen zudem helfen, Inhalte im Kontext eines Marketing-, Marken-, Management- oder Customer-Experience-Seminars zielführend auszuarbeiten.

Ich wünsche Ihnen bei diesen Vorhaben viel Erfolg sowie ein hohes Lesevergnügen mit diesem kompakten Buch. Bei Fragen oder Anregungen zu den Buchinhalten zögern Sie nicht, mich zu kontaktieren.

Hamburg, Deutschland   Thomas Suwelack
August 2020

Was Sie in dieser Toolbox finden können

1. Tiefe Einblicke in das Schlüsselkonzept der heutigen Business-Welt, die Customer Experience. Insbesondere: Was steckt hinter dem Konzept? Welche Bedeutung hat es für den Unternehmenserfolg? Welche Art von Experience ist in einem spezifischen Unternehmenskontext relevant und wie kann ich diese optimal managen?
2. Übersichtliches Customer-Experience-Framework mit allen zentralen Schritten, wie sich ein Unternehmen systematisch auf die Customer Experience und deren erfolgreiches Management ausrichten kann.
3. Interdisziplinäre Ansätze zur
   * Integration der in wettbewerbsintensiven Zeiten relevanten Wissensbausteine unterschiedlicher Fachdisziplinen wie vor allem Management, Digitalisierung, Psychologie und Design sowie
   * systematischen und zielgerichteten Durchführung jedes Framework-Schrittes
4. Vorstellung ausgewählter Tools, die für die Gestaltung einer herausragenden Kundenerfahrung entscheidend sind: z. B. Empathy Map, Limbic Map, Customer Journey, Golden Circle, Design Thinking, Digital Platform Framework
5. Kompakte Übersicht über die Kernthemen des modernen Wirtschaftens, insbesondere Customer Experience, Customer Journey Mapping, Design Thinking, Künstliche Intelligenz, Digitales Marketing

Inhaltsverzeichnis

1

Das Customer Experience zentrierte Unternehmen

Zusammenfassung Die in den aktuellen digitalen Zeiten erfolgreichen Unternehmen zeichnen sich vor allem durch eines aus: Sie verfügen über Produkte, Services und Plattformen, welche die Kundenbedürfnisse auf immer bessere Art und Weise adressieren und so eine positive Customer Experience hervorrufen. Letztere ist jüngst zum globalen Fixpunkt des unternehmerischen Handelns geworden und vieles spricht dafür, dass eine solche Orientierung die letzte bzw. höchste Entwicklungsstufe einer Organisation bildet. Das Wesen der Customer-Experience-Orientierung sowie die zentralen Faktoren, die dieser Entwicklung zu Grunde liegen, sollen in diesem Kapitel beleuchtet werden. Ebenso wird das Customer-Experience-Framework vorgestellt, das einen systematischen Leitfaden für das erfolgreiche Management von Unternehmen in der heutigen Zeit beinhaltet.

1.1 Die Customer Experience entscheidet über den Unternehmenserfolg

Was haben Amazon, Tesla, Netflix, Starbucks und AirBnB gemeinsam? Antwort: Sie verfügten in 2019 jeweils über den höchsten Net Promoter Score (NPS)[1] ihrer jeweiligen Branche (Retently 2019). *Ursächlich* für diese hohen

---

[1] Um den NPS-Wert zu ermitteln wird den Kunden eines Unternehmens folgende Frage gestellt: [Auf einer Skala von 0 bis 10] « Wie wahrscheinlich ist es, dass Sie unsere Firma / unser Produkt / unsere Dienstleistung / unsere Marke an Ihre Freunde und Kollegen weiterempfehlen? » Der NPS-Wert ergibt sich dann aus der Subtraktion des Anteils der Promotoren (diejenigen, die mit 9 oder 10 geantwortet haben) und des Anteils der Detraktoren (diejenigen, die mit 0 bis 6 geantwortet haben).

© Der/die Herausgeber bzw. der/die Autor(en), exklusiv lizenziert durch Springer Fachmedien Wiesbaden GmbH, ein Teil von Springer Nature 2020
T. Suwelack, *Toolbox Customer Experience*, https://doi.org/10.1007/978-3-658-30698-4_1

NPS-Werte sind vor allem äußerst positive Kundenerfahrungen (Hinweis: In diesem Buch wird in der Regel der geläufigere englische Begriff der „Customer Experience" verwendet) bei der Inanspruchnahme von bzw. Interkation mit Unternehmensangeboten wie z. B. Produkten, Services, Informationen, Touchpoints (Satmetrix 2019). In Bezug auf die *Wirkung* eines hohen NPS-Werts – und damit *indirekt* auch der Kundenerfahrungen – lässt sich eine stark positive empirische Korrelation mit zentralen Erfolgskriterien wie der Akquisitions- und Kundenbindungsrate sowie dem Unternehmenswachstum belegen (Satmetrix 2019). Ebenso zeigt die Literatur einen *direkten* positiven Zusammenhang zwischen Kundenerfahrungen und der Kundenloyalität sowie den Konsumentenausgaben (Srivastava und Kaul 2016), der Zahlungsbereitschaft (Capgemini 2015), der Kaufabsicht (Nasermoadeli et al. 2013) sowie dem Börsenwert (Gilliam 2013) auf.

Ein beispielhafter Beleg hierfür ist das Unternehmen AirBnB: Durch die konsequente Fokussierung auf die Customer Experience, die ein Kunde bei der Interaktion mit den Leistungen und Prozessen des Unternehmens macht, weist AirBnB nicht nur sehr hohe NPS-Werte aus (z. B. NPS von 74 in 2019), sondern wurde innerhalb weniger Jahre zu einem Milliarden-Dollar schweren Global Player. Die starke Fokussierung des Unternehmens auf die Kundenerfahrungen hat tiefe Wurzeln in der biologischen DNA ihrer Gründer, was das folgende Beispiel zeigen soll (vgl. Clatworthy 2019, S. 14): Als die Gründer während der Gründerzeit von AirBnB ihre eigene Wohnung vermieteten, fanden die Gäste stets einen kleinen Haufen Münzen für den Erwerb eines U-Bahn-Tickets neben ihren Betten. Dieser Erwerb war für Fremde, die häufig nur Scheine bei sich trugen, ein schwieriges Unterfangen, so dass diese Geste von den Gästen sehr gewertschätzt wurde bzw. eine äußerst positive Kundenerfahrung hervorrief. Diese Empathie und pragmatische Hilfsbereitschaft der Gründer manifestierten sich dann in einer kundenerfahrungszentrierten Unternehmens-DNA. Positive Kundenerfahrungen konnten nicht erst bei der *Nutzung* einer über die Plattform von AirBnB gemieteten Unterkunft gemacht werden, sondern schon bei der Unterkunfts*buchung*, indem schöne Fotos der zu vermietenden Wohnung in den Fokus gerückt wurden (vgl. Abb. 1.1). Um diese Kundenerfahrungen so weit es geht sicherzustellen, gab es klare Anweisungen an die Vermieter, wie diese Fotos auszuehen bzw. nicht auszusehen hatten.

Inzwischen postulieren Autoren (z. B. Pine und Gilmore 2019), dass der Kunde in Zeiten austauschbarer Leistungen nicht mehr das Preis-Qualitäts-Verhältnis für seine Kaufentscheidung heranzieht, sondern vielmehr das (antizipierte) Preis-Experience-Verhältnis. Der Kunde summiert gedanklich also

Abb. 1.1 Fotos schaffen positive Kundenerfahrungen bei einer AirBnB-Buchung. (Quelle: AirBnB-Website)

eher die (positiven und negativen) *Erfahrungen,* welche er vor, während und nach dem Erwerb einer Unternehmensleistung zu einem bestimmten Preis macht bzw. vermutlich machen wird, als dass er (bloß) auf die Qualität der Leistung achtet. Dies impliziert einen Perspektivenwandel für Unternehmen: von der Produkt- und Serviceorientierung hin zu einer Fokussierung auf die *Psychologie* des Kunden. Dieser Perspektivenwandel soll durch ein zweites Beispiel verdeutlicht werden: Starbucks.

Starbucks Fokussierung auf die Customer Experience

Wenn nicht das stärker psychologisch orientierte Preis-Experience-Verhältnis maßgeblich für die Kaufentscheidung wäre – wie sonst ließe sich ein Café Latte von Starbucks zum Preis von 4,99 € (je nach Standort und Kaffeegröße) rechtfertigen, wenn unweit der Starbucks-Filiale die gleiche oder zumindest vergleichbare Produktqualität häufig für die Hälfte des Preises zu haben ist?

Aber der Reihe nach: Starbucks wurde bereits 1971 in Seattle gegründet. Allerdings erst die von dem ehemaligen Starbucks-CEO Howard Schultz initiierte Fusion zwischen dem auf einzigartige Kundenerfahrungen fokussierten Unternehmen Il Giornale und Starbucks im Jahr 1987 ließ die Anzahl von Starbucks-Cafés von 2 (in 1986) auf 1074 (in 1996) ansteigen (Karthik und Dixit 2015, S. 1 f.). Schultz' Devise war von Anfang an, das Flair italienischer Kaffeebars, welches bei Il Giornale existierte, auch in den Starbucks-Cafés zu implementieren. Dies sollte u. a. durch intensiv ausgebildete „Barristas", welche die Zubereitung des Kaffees zelebrieren und zugleich eine hohe Produktqualität sicherstellen, erzielt werden. Eine konsequente Fokussierung auf die Customer Experience sollte auch in einer außergewöhnlichen Standortwahl und der barähnlichen Lichtdimmung zum Ausdruck kommen. Ebenso sollte der Kontakt mit dem Servicepersonal an der Kasse so angenehm und persönlich wie möglich sein („What is your name?").

Die erfahrungszentrierte Philosophie von H. Schultz zeigte Erfolg: Allein dadurch, dass Kunden einen weißen Starbucks-Becher wie Statussymbole trugen und die erfundene italienische Verkehrssprache des Unternehmens sprachen, identifizierten sich die Kunden als Angehörige einer Gruppe erfolgreicher Menschen mit hippem, urbanem Geschmack und Verständnis für die feinen Dinge des Lebens. Im Zurschaustellen ihrer Grande Lattes signalisierten Kunden, dass sie besser sind als andere – cooler, reicher und anspruchsvoller (Simon 2009, S. 7).

Unter anderem mit diesen Lifestyle-Erfahrungen ihrer Kunden rechtfertigt Starbucks seine höheren Preise. Oder mit den Worten des ehemaligen Starbucks CEO Howard Schultz ausgedrückt: „We are not in the business of filling bellies. We are in the business of filling souls."

AirBnB und Starbucks stehen beispielhaft für Unternehmen, die sich konsequent auf die Customer Experience fokussieren und damit erfolgreich geworden sind. Diesen Weg muss gerade heute in immer wettbewerbsintensiveren Zeiten jedes Unternehmen einschlagen. Dabei ist zu berücksichtigen, dass die Kundenerwartungen, die eine entscheidende Grundlage für das Entstehen positiver und negativer Erfahrungen sind (vgl. Abschn. 1.2), Dynamiken unterliegen und je nach Kontextsituation abweichen (vgl. Kap. 2). So erwarten Kunden heute z. B. immer individualisiertere bzw. für sie maßgeschneidertere Angebote.

1.2 Definition und Klassifikation der Customer Experience

Im vorangegangenen Abschnitt wurde ein grobes Verständnis des Customer-Experience-Konzepts vorausgesetzt bzw. angenommen. In diesem Abschnitt soll es tiefer durchdrungen werden, bevor es in Abschn. 2.1, in welchem *konkrete* Erfahrungsarten unterschieden werden, hinreichend erfasst wird.

Kundenerfahrung/Customer Experience

Wahrnehmung bzw. die mit dieser verbundenen *bewusste* Gedanken und *Gefühle* des Kunden, welche durch die *Interaktion(en)* mit den *Mitarbeitern, Kanälen, Systemen und Produkten* eines Unternehmens hervorgerufen wird bzw. werden (in Anlehnung an Gartner 2018).

Diese Definition soll im Folgenden anhand der fett und kursiv gedruckten Begriffe genauer erläutert werden. Zahlreiche Autoren (z. B. Rossman und Duerden 2019; Clatworthy 2019) betonen explizit das **bewusste emotionale** Erleben. Wenn man also von Kundenerfahrungen spricht, wird in der Regel nicht auf die Befriedigung funktional-rationaler Bedürfnisse (z. B. Wäsche mit Hilfe eines Waschmittels *sauber* bekommen, *Produktivität* mit einem Computer erhöhen) oder auf Erfahrungen, die nur ein geringes kognitives Involvement bedürfen (mehr hierzu in Abschn. 2.1), abgestellt.

Ebenso ist entscheidend, dass erst durch die **Interaktion** des Kunden mit den *Mitarbeitern, Kanälen, Systemen und Produkten* eines Unternehmens eine Kundenerfahrung entstehen kann, nicht durch die Interaktionselemente wie z. B. die Kanäle oder das Produkt *selbst*. Dieser feine Unterschied ist für das Designen der Interaktionselemente wichtig – wie wir in Kap. 3 sehen werden. Die Interaktionselemente werden im Verlauf dieses Buches als *Erfahrungselemente* bezeichnet, da diese Elemente immer im Hinblick auf ihr *Potenzial für das Entstehen positiver Kundenerfahrungen* entwickelt werden sollten. Zu den Erfahrungselementen gehören neben den oben genannten z. B. auch Services, Preisinformationen, Kommunikationsbotschaften oder Kundentouchpoints – also sämtliche Elemente, die der Kunde bewusst wahrnehmen kann.

Die Klammerverwendung im Wort **Interaktion(en)** soll zudem aufzeigen, dass Kundenerfahrungen im Kontext einer Interaktion oder mehrerer Interaktionen gemacht werden. Dabei werden jeweils *unterschiedliche* Erfahrungen gesammelt, die zu eine *Gesamterfahrung* verdichtet werden. Duerden et al. (2015) unterscheiden diesbezüglich zwischen Mikro- und Makro-Erfahrungen. **Mikro-Erfahrungen** entstehen stets durch die (Beurteilung einer) Interaktion eines Kunden mit einem Erfahrungselement des Unternehmens (vgl. Abb. 1.2 oben). Jedes Element, mit dem der Kunde im Kontext

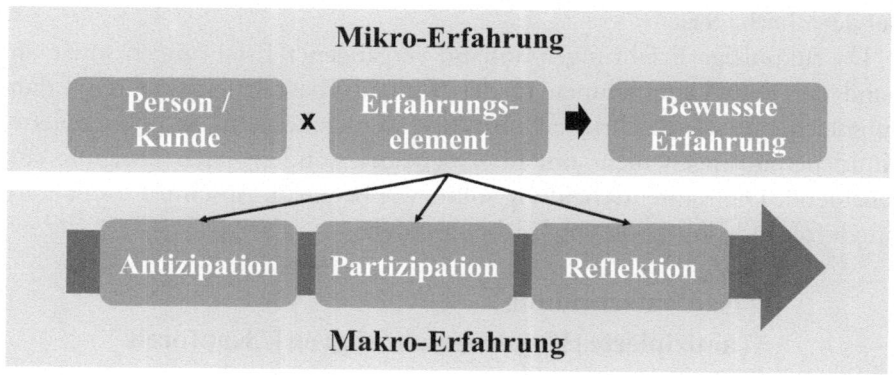

Abb. 1.2 Mikro- und Makro-Erfahrungen. (Quelle: Duerden et al. 2015)

seiner Customer Journey interagiert, wird also vom Kunden unter Erfahrungsaspekten beurteilt. Aufgrund der Notwendigkeit der Nutzung verschiedener Erfahrungselemente im Kontext einer Customer Journey, sind Mikro-Erfahrungen stets sehr zahlreich, so dass sich eine Systematisierung anbietet. Duerden et al. (2015) ordnen Mikro-Erfahrungen den drei (Kauf-)Phasen „Antizipation", „Partizipation" und „Reflexion" zu. Die Antizipationsphase steht für die erforderlichen Vorbereitungen (z. B. Prüfen des Informationsangebots und der hierfür verfügbaren Touchpoints) zur späteren gewünschten Nutzung von bzw. Interaktion mit Unternehmensleistungen (Partizipationsphase). In der ersten Phase werden zudem Erwartungen an die folgende Partizipationsphase gebildet. Da jede Erfahrung sich an zuvor definierten Erwartungen orientiert, sollten keine unrealistischen Erwartungen vom Unternehmen geschürt werden. In der (sehr kognitiven) Reflexionsphase befindet der Kunde ganzheitlich und retrospektiv über seine Kundenerfahrungen, um zu einem Gesamturteil bzw. einer Gesamterfahrung zu gelangen. Die Summe der Mikro-Erfahrungen wird auch als **Makro-Erfahrung** bezeichnet.

Die Makro-Erfahrung ist für Folgekäufe maßgeblich, da sie im Gehirn langfristig abgelegt und von dort auch Jahre später noch (vom Hippocampus des limibischen Systems) abgerufen werden kann (vgl. Häusel 2019 für tiefere Erkenntnisse der Hirnforschung für die Kundenerfahrung). Die für die Makro-Erfahrung entscheidende Reflexionsphase ist von vielfältigen Einflüssen bestimmt – z. B. von der persönlichen Stimmung oder dem Feedback Dritter. Die „Peak-End-Rule" stellt ein sehr relevantes psychologisches Konzept dar, um ganz besonders wichtige Einflüsse auf die Makro-Erfahrung zu erfassen (Kahnemann und Tversky 2000). Dieses Konzept geht davon aus, dass die *intensivsten* Mikro-Erfahrungen sowie die *letzte* Mikro-Erfahrung die Makro-Erfahrung am meisten beeinflussen (z. B. der letzte, etwas süßere Schluck des Café Latte oder die sehr (un)angenehme Kundenbehandlung durch einen Servicemitarbeiter).

Da zukünftige Erfahrungen anhand vergangener Erfahrungen sowie anhand der vom Unternehmen in der Vorkauf-Phase bereitgestellten Erfahrungselemente wie beschrieben *antizipiert* werden können, sind (antizipierte) Kundenerfahrungen nicht nur für *Folge*käufe, sondern auch *Erst*käufe entscheidend. Die Kaufentscheidung sollte, wie bereits in Abschn. 1.1 erläutert, durch folgende Funktion beschrieben werden:

$$\mathbf{f\left(Kaufentscheidung\right)} = \mathbf{\left(antizipierte\right)Kundenerfahrung\left(en\right)/Kaufpreis}$$

Diese Funktion für jeden einzelnen Kunden zu optimieren (bei gleichzeitiger Berücksichtigung gesamtunternehmerischer Interessen), ist Aufgabe des **Customer-Experience-Managements**. Insbesondere hat es die Aufgabe, die Mikro-Kundenerfahrungen entlang der Customer Journey so zu orchestrieren, dass sich eine möglichst hohe Makro-Kundenerfahrung ergibt. Um dies zu erreichen, sollte sich das Customer-Experience-Management aus einer Vielzahl an Management-Tools bedienen – einige besonders wichtige dieser Tools werden in den Kap. 2, 3 und 4 erläutert. Ganz zu vorderst sollte es jedoch im Unternehmen dafür sorgen, dass die Customer Experience (z. B. repräsentiert durch den NPS-Wert) als *zentraler Unternehmens-KPI* verwendet wird.

1.3 Die Customer Experience als neuer und logischer zentraler Unternehmens-KPI

Der in Abschn. 1.1 skizzierte positive Zusammenhang zwischen der Customer Experience und dem Unternehmenserfolg deutet an, dass diese eine sehr wichtige Bedeutung im Zielsystem eines jeden Unternehmens einnehmen sollte. Folgende Studienergebnisse und Medien legen *unmittelbar* nahe, die Customer Experience als *zentralen* Unternehmens-KPI in der heutigen Zeit zu verwenden:

- 81 % der Führungskräfte glauben, dass die Customer Experience 2020 das entscheidende Differenzierungsmerkmal im Wettbewerb bzw. den wichtigsten Wettbewerbsfaktor darstellt. 2018 betrug dieser Wert noch 67 % (Gartner 2018).
- Laut einer Erhebung von Newman und McClimans (2019) sagen mehr als 2/3 der Marketingmanager, dass die Customer Experience der entscheidende Erfolgsfaktor eines Unternehmens ist.
- Das Wall Street Journal (2018) bezeichnet die Customer Experience als den wichtigsten Wettbewerbsfaktor im digitalen Zeitalter.

Folgenden Einwand höre ich gelegentlich in meinen Beratungsprojekten: „War die Kundenerfahrung nicht immer schon der wichtigste Erfolgfaktor für ein Unternehmen, der sich ggfs. bloß anders nannte – zum Beispiel Kundenzufriedenheit?" Die Antwort auf diese Frage sollte in zwei Teilaspekte gegliedert werden. Der erste Teilaspekt ist zustimmender, der zweite entgegender Natur, wobei letzterer Teilaspekt schwerer wiegt:

1. Auch wenn die Begriffe Kunden*erfahrung* und Kunden*zufriedenheit* bedeutsame konzeptionelle Unterschiede aufweisen (vgl. z. B. Klaus und Maklan 2013), konnten Studien – wie oben für die Customer Experience beschrieben – auch für die Kundenzufriedenheit einen positiven empirischen Zusammenhang in Bezug auf wichtige Unternehmensziele wie z. B. den Börsenwert nachweisen (z. B. Fornell et al. 2006). Lässt man inhaltliche Abweichungen der beiden kundenbezogenen Konzepte also einmal beiseite, ließe sich der Frage also durchaus zustimmen.

2. In der heutigen wettbewerbsintensiven Zeit kommt es aber nicht auf die Frage an, *ob* ein Unternehmen den Kunden und seine Erfahrung (oder Zufriedenheit) in den Mittelpunkt stellt, sondern *wie intensiv* ein Unternehmen dies tut. Retrospektiv lässt sich klar sagen, dass stets noch „Luft nach oben" gewesen ist, was anhand der schematisch angedeuteten Entwicklung in Abb. 1.3 zum Ausdruck gebracht werden soll. Insbesondere in der heutigen digitalen Zeit gilt es für das Management, Silos *in noch größerem Umfang* aufzubrechen und *sämtliche* (nicht nur wenige) unternehmerische Aktiväten auf die Customer Experience auszurichten. Gemäß Abb. 1.3 verfügt das erfahrungszentrierte Unternehmen diesbezüglich über das größte Erfolgspotenzial, so dass jedes Unternehmen diesen Status anstreben sollte.

Eine Verdichtung von fünf auf zwei Entwicklungsstufen sowie einen kriterienbasierten Vergleich dieser zwei Entwicklungsstufen nimmt Tab. 1.1 vor.

Ein entscheidender Unterschied zwischen dem kunden*erfahrungs*zentrierten und kundenzentrierten Unternehmen besteht darin, das bei dem kunden-

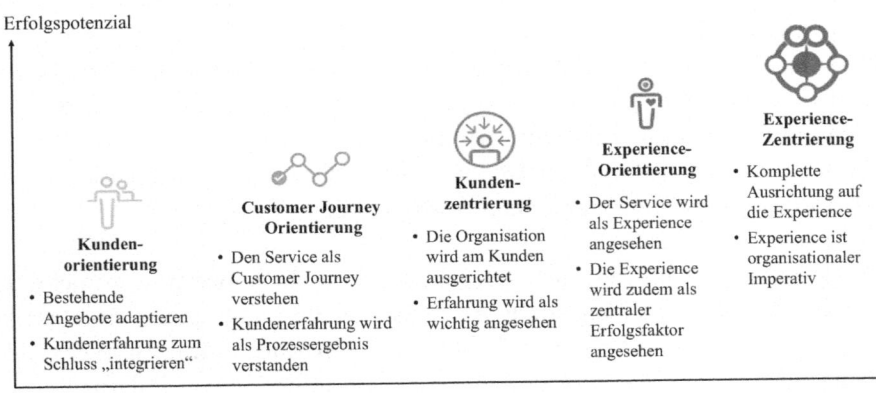

Abb. 1.3 Fünf Phasen der Entwicklung hin zur experiencezentrierten Unternehmung. (Quelle: adaptiert von Clatworthy 2019)

Tab. 1.1 Vergleich zwischen Kunden- und Kund*erfahrungs*zentrierung

Criteria	Customer-Centric	Experience-Centric
Focus	Customer satisfaction	Experiential desirability
Basic philosophy	What do our customers want?	What do we want our customers to feel?
Basic approach	Reactive	Proactive and experiential
Key terms	Value proposition, segments, brand promise	Experiential value proposition, individuals, brand experience
Orientation	Services as products	Experiences delivered through services
Brand orientation	Broadcasting a brand promise	Delivering a brand experience
CX seen as …	Something that supports customer satisfaction	The core source of value
Typical quote	„We need to offer something customers need."	„How does that suggestion impact our desired experience?"
Tactic to progress	Execute qualitative interviews (rather than quantitative)	Improve your cultural interaction

Quelle: adaptiert von Clatworthy (2019, S. 34)

*erfahrungs*zentrierten Unternehmen die Kundenerfahrung *Ausgangspunkt aller* ihrer Aktivitäten darstellt („Welche Produkte, Services etc. benötigen wir, damit sich der Kunde … fühlt?"), während beim kundenzentrierten Unternehmen quasi zum Schluss eines Produktentwicklungsprozesses versucht wird, kundenorientierte „features" in die Produkte und Services zu *ergänzen* (Clatworthy 2019). Die Kundenerfahrung beim kunden*erfahrungs*zentrierten Unternehmen ist sozusagen ein *organisationaler Imperativ* und muss *proaktiv über alle Einheiten* eines Unternehmens *gedacht und gestaltet* werden.

Einer, der über diese Denke verfügt und damit sein Unternehmen über den Status eines „nur" kundenzentrierten Unternehmens befördert hat, ist Jeff Bezos, CEO von Amazon:

> „When we're at our best, we don't wait for external pressure. We are internally driven to improve our services […] before we have to. We lower prices and increase value for customers before we have to. We invent before we have to." (Jeff Bezos)

In alternativer Form haben bereits 1999 Pine und Gilmore in ihrem pionierhaften Buch „The Experience Economy" die Customer Experience als höchste Stufe der Unternehmensentwicklung beschrieben. Aus Abb. 1.4 geht hervor, dass sie die Customer Experience als nächste Entwicklungsstufe nach den Stufen „Commodity", „Güter" und „Services" sehen. Diesen höchsten Status wird die Kundenerfahrung ihrer Meinung auch nicht mehr abgeben.

Aus Abb. 1.4 ergibt sich zudem, dass nur derjeninge, der in der Lage ist, die besten Kundenerfahrungen zu ermöglichen, einen Preisaufschlag für höhere Gewinnspannen verlangen kann – wie anhand des Beispiels von Starbucks beschrieben.

Die Entwicklung zur „Experience Economy" bzw. zur Kundenerfahrung als zentralen Unternehmens-KPI lässt sich laut Clatworthy (2019) aufgrund von fünf Kräften als *logische Konsequenz* betrachten (vgl. Abb. 1.5). Mit anderen Worten: Aufrund des Zusammenspiels der im Folgenden beschriebenen Kräfte war das Entstehen der Experience Econnomy quasi unvermeidlich.

Die allgemein zunehmende – und durch die Digitalisierung nochmal massiv verschärfte – **Wettbewerbsdynamik** (immer mehr Anbieter buhlen um die Gunst des Konsumenten) zwingt Unternehmen dazu, ihre Marktleistungen stets im Sinne besserer Kundenerfahrungen zu optimieren. Geschieht dies nicht, werden die im Zuge der Wettbewerbsdynamik gestiegenen Kundenerwartungen enttäuscht, was zu einem Abwandern des Kunden führt. Auch die **Markenwirtschaft** hat die Erfahrungsökonomie bedingt, da zahlreiche Mar-

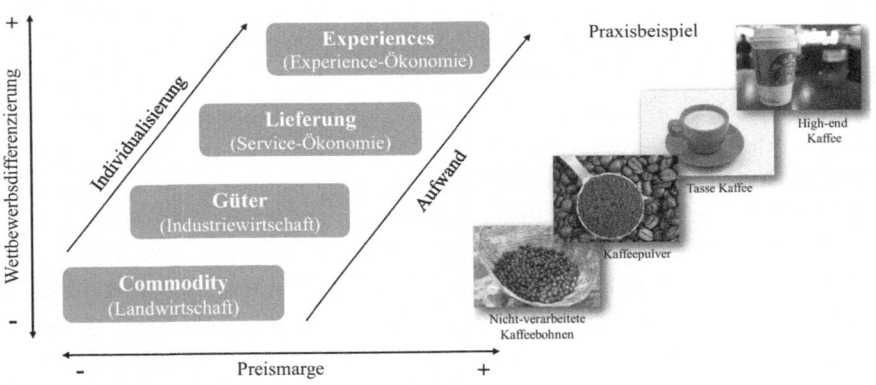

Abb. 1.4 Entwicklungsstufen von Unternehmen bzw. der Geschäftswelt. (Quelle: adaptiert von Pine und Gilmore 2019)

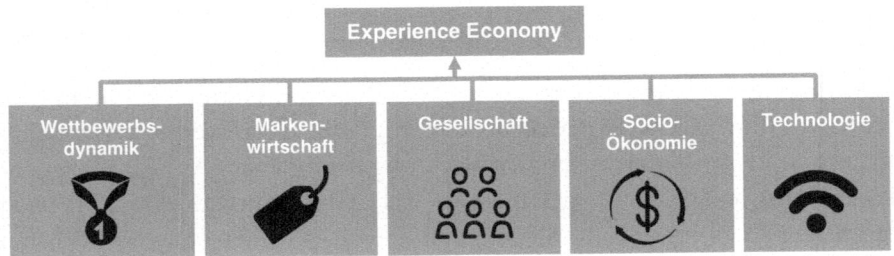

Abb. 1.5 Fünf Kräfte bedingen die „Experience Economy" als nächste logische Entwicklungsstufe. (Quelle: Eigene Darstellung)

kenunternehmen mit ihrer Strategie des tiefenpsychologischen Durchdringens zielgruppenspezifischer Kaufmotive großen Erfolg hatten. Gute Beispiele hierfür sind Unternehmen wie Apple (steht für *Lifestyle*, nicht für Computer) oder Nike (deren Slogan „Just do it" soll Kunden *Stärke* verleihen), welche die Kundenerfahrungen zur Existenzberechtigung ihrer Marken gemacht haben, und mit diesem Ansatz weltweit Nachahmer gefunden haben.

Der Erlebnis- und Erfahrungsdrang, der in dem Zitat des dänischen Philosophen Soren Kierkegaard „Das Leben ist kein Problem, das man *lösen* muss, sondern eine Wirklichkeit, die man *erfahren* muss" zum Ausdruck kommt, steht stellvertretend für die dritte, **gesellschaftliche** Kraft. Dieser Erlebnis- und Erfahrungsdrang ist insbesondere in den Generationen Y (auch Millenials genannt) und Z stark vertreten. Keine anderen Generationen haben jemals so viel Wert auf das Machen von (Kunden-)Erfahrungen gelegt, wie diese beiden. Die **sozio-ökonomische** Kraft lässt sich anhand der bekannten Maslowschen Bedürfnispyramide (Maslow 1943) erläutern: Durch höheren wirtschaftlichen Erfolg konnten immer mehr Menschen ihre Grundbedürfnisse stillen und streben nun die – im Sinne Maslows – höheren psychologischen und selbstverwirklichenden Bedürfnisse an. Letztere Bedürfnisse kann eine erfahrungszentrierte Wirtschaft deutlich besser adressieren als beispielsweise die commodity- oder produktzentrierte Wirtschaft. Immer bessere und verlässlichere **Technologien** haben dafür gesorgt, dass Produkte und Services einwandfrei und in hoher konstanter Qualität funktionieren (eine Waschmaschine hält heutzutage sehr lange und macht die Wäsche garantiert sauber), so dass folglich emotionale – nicht-rationale – Kaufmotive in den Fokus rücken.

1.4 Customer-Experience-Framework und weiteres Vorgehensmodell

Die weiteren Kapitel dieses Buches orientieren sich an dem in Abb. 1.6 wiedergegebenen **Customer-Experience-Framework**. Dieses Framework enthält die notwendigen *Schritte* (vgl. „Pendel" in Abb. 1.6), welche erforderlich sind, um eine hohe Customer Experience (CX) sowie nachhaltige Wettbewerbsvorteile zu erzielen. Die den drei Segmenten (bzw. Folgekapiteln) „Outside" (Kap. 2), „Outside-In" (Kap. 3) und „Inside-Out" (Kap. 4) zugeordneten Schritte orientieren sich an den Phasen des Design-Thinking-Ansatzes[2]. Gemäß diesem ist für jede Problemlösung immer ein tiefes Kundenverständ-

---

[2] Der Design-Thinking-Ansatz wird in Abschnitt 3.3 im Kontext von Kreativitätstechniken näher beschrieben. Ein tieferes Verständnis ist an dieser Stelle zur Einordnung der Schritte im Customer-Experience-Framework nicht erforderlich.

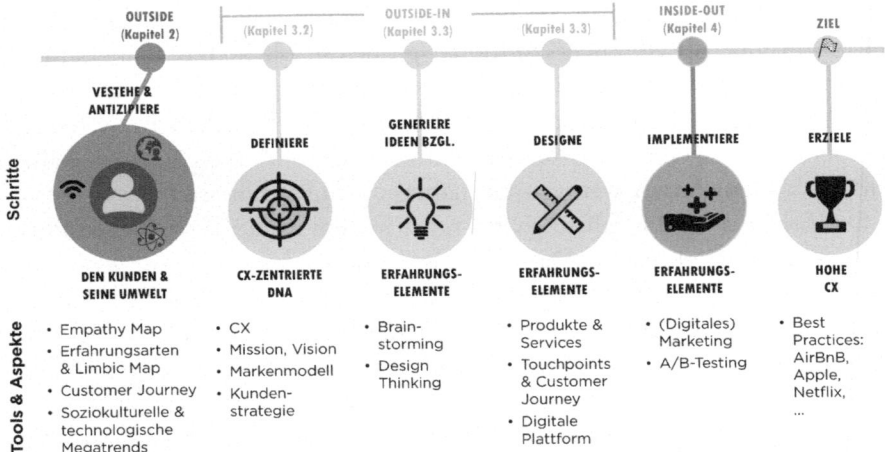

Abb. 1.6 Customer-Experience-Framework – entspricht Vorgehensmodell dieses Buches. (Quelle: Eigene Darstellung)

nis erster Ausgangspunkt. Ohne dieses kommen – um im Bild des CX-Frameworks zu bleiben – die anderen Pendel (bzw. Schritte) nicht zum Schwingen. Den einzelnen Schritten wiederum sind diverse *„Tools und Aspekte"* zugeordnet, welche in der Praxis bewährte Konzepte, Ansätze, Methoden oder Analysewerkzeuge darstellen, die durch ihre meist sehr kompakte und strukturierte Darstellung das Durchführen der Schritte im CX-Framework ermöglichen und erleichtern. Auf der Beschreibung und Verknüpfung der einzelnen Schritte und ihrer Tools und Aspekte liegt in den folgenden Kapiteln der Fokus dieses Buches.

- **Outside** → Verstehen und Antizipieren: Zunächst geht es stets darum, den Kunden in seiner Psychologie und seinem Verhalten zu *verstehen* (Abschn. 2.1). Ebenso muss die Umwelt des Kunden und des Unternehmens verstanden werden, um Trends und Marktdynamiken zu *antizipieren* (Abschn. 2.2 und 2.3).
- **Outside-In** → Definieren, Ideen generieren, Prototypen designen: Wenn die „Welt da draußen" verstanden sowie Trends und Dynamiken so gut es geht antizipiert werden können, lässt sich auf dieser Basis *definieren*, welche Kundenerfahrungen zentrales Element der Unternehmens-DNA und damit Ausgangspunkt der Marke und Kundenstrategie sein sollen (Abschn. 3.2). Anhand dieser Strategiebausteine können im Anschluss *Ideen* für Erfahrungselemente *generiert* sowie selbige dann in Form von *Prototypen designt* werden (Abschn. 3.3).

- **Inside-Out** → Testen und Implementieren: Schließlich geht es darum, die designten Erfahrungselemente frühzeitig im Markt zu *testen* (Testfokus: „Erleben unsere Kunden die in der Unternehmens-DNA definierten Erfahrungen?") und – im Fall des Testerfolgs – im Markt mit Hilfe begleitender Kommunikationsmaßnahmen zu *implementieren* (Abschn. 4.1), so dass gewünschte Kundenerfahrungen entstehen können. Der Testaspekt soll in diesem Buch anhand des in der Praxis beliebten A/B-Verfahrens im Kontext digitaler Marketingkommunikation näher beschrieben werden (Abschn. 4.2).

Literatur

Zeitschriften-/Zeitungsartikel

Capgemini: Conceptualizing structured experiences: seeking interdisciplinary integration. J. Leis. Res. **47**(5), 601 (2015)

Duerden, M.D., Ward, P.J., Freeman, P.A.: Conceptualizing structured experiences: seeking interdisciplinary integration. J. Leis. Res. **47**(5), 601 (2015)

Fornell, C., Mithas, S., Morgeson III, F.V., Krishnan, M.S.: Customer satisfaction and stock prices: high returns, low risk. J. Mark. **70**(1), 3–14 (2006)

Klaus, P., Maklan, S.: Towards a better measure of customer experience. Int. J. Mark. Res. **55**(2), 227–246 (2013)

Maslow, A.: A theory of human motivation. Psychol. Rev. **50**(4), 370–396 (1943)

Nasermoadeli, A., Choon Ling, K., Maghnati, F.: Evaluating the impacts of customer experience on purchase intention. Int J Bus Manag. **8**(6), 128–138 (2013)

Simon, B.: Everything but the Coffee: Learning About America from Starbucks, S. 7. University of California Press, Berkeley/London (2009)

Srivastava, M., Kaul, D.: Exploring the link between customer experience – loyalty – consumer spend. J. Retail. Consum. Serv. **31**, 277–286 (2016)

Wladawsky-Berger, I.: Customer experience is the key competitive differentiator in the digital age (20.04.2018). Wall Street J (2018)

Buch

Clatworthy, S.: Experience-Centric Organization – How to Win Through Customer Experience. O'Reilly, London (2019)

Häusel, H.: Neuromarketing: Erkenntnisse der Hirnforschung für Markenführung. Werbung und Verkauf, Haufe (2019)

Kahnemann, D., Tversky, A.: Choices, Values, and Frames. Cambridge University Press, Cambridge (2000)

Pine, B.J., Gilmore, J.H.: Experience Economy. Harvard Business School Publis, Boston (2019)

Rossman, J.R., Duerden, M.D.: Designing Customer Experiences. Columbia University Press, New York/Chichester (2019)

Internetquellen

Gartner: Five Steps to Customer Experience Transformation (2018). https://www.gartner.com/en/webinars. Zugegriffen am 13.03.2018

Gilliam, J.: The Direct Relationship Between Stock Price and Customer Experience (21.01.2013). https://www.ttec.com/blog/direct-relationship-between-stock-price-and-customer-experience. Zugegriffen am 08.04.2020

Karthik, D., Dixit, M.R.: Starbucks 2017 (28.05.2015). https://hbsp.harvard.edu/home/. Zugegriffen am 12.04.2020

Newman, D., McClimans, F.: Experience 2030 – the Future of Customer Experience Is … NOW! (Oktober 2019). https://www.sas.com/en_gb/whitepapers/futurum-experience-2030-emea-110977.html. Zugegriffen am 05.05.2020

Retently: What Do Companies with High Net Promoter Score Have in Common? (19.03.2019). https://www.retently.com/blog/companies-high-nps/. Zugegriffen am 28.03.2020

Satmetrix: Net Promoter Benchmarks (2019). www.satmetrix.com/nps-benchmarks/. Zugegriffen am 04.05.2020

2

Outside: Den Kunden und seine Umwelt verstehen sowie Trends und Marktdynamiken antizipieren

Zusammenfassung Alle in den Markt gerichteten Unternehmenskonzepte und Leistungen müssen einen gemeinsamen Ausgangpunkt haben: den Kunden, beziehungsweise genauer gesagt, die Customer Experience. Doch welche soll es in einem konkreten Unternehmensfall sein? Kap. 2 dieses Buches stellt einen Leitfaden für Unternehmen dar, um diese Frage zu beantworten. Dabei wird zunächst der Kunde für sich betrachtet (Abschn. 2.1), bevor im Anschluss seine Umwelt in ihrer Dynamik (Abschn. 2.2) analysiert wird.

2.1 Den Kunden in seiner Psychologie und seinem Verhalten verstehen

„The more we understand the consumer, the more we understand the essence of customer experience. The more we understand customer experience, the more we can shape it, develop it, and better service the customer." (Newman und McClimans 2019)

Um den Kunden in seinen (tiefen) Wünschen, Sehnsüchten und Bedürfnissen zu verstehen, muss er aus verschiedenen Blickwinkeln betrachtet und analysiert werden. Im Grunde sind es drei relevante Analyseperspektiven, die aus Tab. 2.1 hervorgehen.

Ein Tool, das diese Aspekte in *alternativer Form* – genauer gesagt in *Frage*-Form – adressiert, ist die **Empathy Map** (vgl. Abb. 2.1). Sie stellt ein Vorgehensmodell zur Generierung eines tiefen Kundenverständnisses dar, indem

T. Suwelack, *Toolbox Customer Experience*, https://doi.org/10.1007/978-3-658-30698-4_2

Tab. 2.1 Relevante Perspektiven im Kontext einer Kundenanalyse

Analyseperspektive	Relevante Aspekte (nicht abschließende Aufzählung)
Verhaltensorientierte Analyse	• Mediennutzung: Online vs. Offline, Spezifische Medien je Kaufphase … • Dialogorientierte Aspekte: Interaktionszeiten, Typische Reaktionen, Bevorzugter Interaktionskanal … • Konsumorientierte Aspekte: Art des Konsums, Konsumhäufigkeit, Konsumort …
Psychographische Analyse	• Persönlichkeit & Werte • Einstellungen & Präferenzen
Soziodemographische Analyse	• Demographische Aspekte: Alter, Geschlecht, Nationalität … • Sozioökonomische Aspekte: Job(-Position), Einkommen …

Quelle: Eigene Darstellung

Abb. 2.1 Empathy Map. (Quelle: Eigene Darstellung)

es relevante Fragen und Themen aufwirft (welche sich weitestgehend mit den Perspektiven in Tab. 2.1 decken). Durch das systematische Adressieren der in Abb. 2.1 abgebildeten Fragen und Themen soll sukzessive zu dem zentralen Kern des Modells vorgedrungen werden: Was ist das zentrale Kundenbedürfnis bzw. die gewünschte Customer Experience und aus welchem nicht-intuitiven Kundeninsight lässt es bzw. sie sich ableiten? So hat die Marke Old Spice beispielsweise den *Insight*, dass jeder Mann in seinem tiefen Inneren unsicher bzgl. seiner Männlichkeit ist, in ihren Marketingkampagnen genutzt, um das *Bedürfnis* nach einem männlichen Geruch bzw. den Wunsch nach einer männlichen (Sinnes-)Erfahrung zu adressieren.

Durch den Einsatz der richtigen (Folge-)Tools, welche in diesem Kapitel beschrieben werden, sowie durch die Analyse und Interpretation relevanter soziokultureller und technologischer Megatrends im nächsten Abschn. (2.2) können sämtliche Fragen der Empathy Map beantwortet und ihr zentraler Kern definiert werden. Das Klassifikationsschema unterschiedlicher **Arten von Kundenerfahrungen** von Rossmann und Duerden (2019) stellt beispielsweise einen ersten Ansatz dar, die in der Empathy Map aufgeworfene Frage „Was *denkt und fühlt* der Kunde?" einzugrenzen (die im Anschluss erläuterte Limbic Map wird auf Basis dieser Eingrenzung konkreter werden). Die Autoren ordnen die Gedanken- und Gefühlswelt von Menschen bzw. Kunden, indem sie fünf unterschiedliche Kundenerfahrungen (vgl. Abb. 2.2) nennen, die in ihrer Intensität von links (prosaisch) nach rechts (transformierend) zunehmen.

Die Klassifikation der fünf Kundenerfahrungen erfolgt anhand von vier Kriterien, die im Folgenden erläutert werden sollen. Das erste Kriterium der *gedanklichen Verarbeitung* grenzt die fünf Erfahrungsarten anhand der Art der vorherrschenden Gedanken und Gefühle ab. Bei prosaischen Erfahrungen ist die gedankliche Verarbeitung so gering, dass hier Gedanken und Gefühle nicht bewusst wahrgenommen werden. Kahnemann und Tversky (2000) sprechen in diesem Zusammenhang vom Autopiloten. Rossman und Duerden (2019) sprechen von kognitiven Erfahrungen, wenn das kognitive Level die Schwelle zum Bewusstsein übertritt (Beispiele folgen im nächsten Abschnitt). Für einprägsame Erfahrungen muss sich der Kunde emotional „beteiligen". Dies gilt auch für die folgenden Erfahrungen. Substanzielle Erfahrungen haben zusätzlich einen entdeckerischen Charakter, sprich es wird etwas Neues erkundet. Transformationale Erfahrungen bedürfen einen gedanklichen Wandel bzw. einen radikalen Perspektivwechsel, was neben einer einprägsamen Erfahrung auch die substanzielle Erfahrung voraussetzt. Unter

Erfahrungs-arten	Prosaisch	Kognitiv	Einprägsam	Substanziell	Trans-formierend
Gedankliche Verarbeitung	Autopilot	Mentales Engagement	Emotionales Engagement	Neu-entdeckung	Wandel
Frequenz und Einfluss	Sehr häufig				Sehr relevant
Grad der Reflexion	Gering bzw. System 1				Hoch bzw. System 2
Emotionale Tiefe bzw. Art	Körperliches Vergnügen	Geistige Freuden		Tiefere Befriedigung	

Abb. 2.2 Arten von Kundenerfahrungen. (Quelle: adaptiert von Rossman und Duerden 2019)

Einbezug des zweiten Kriteriums, *Frequenz und Einfluss,* lässt sich ergänzen, dass prosaische Erfahrungen (aufgrund der Dominanz des Unterbewusstseins bzw. des Autopiloten) am häufigsten auftreten, doch haben sie den geringsten Einfluss auf das Kundenverhalten. Umgekehrtes Verhältnis gilt für transformierende Erfahrungen. Dies bedeutet jedoch nicht, dass jedes Erfahrungselement transformierende Erfahrungen ermöglichen sollte! Dies ist weder realisierbar noch wünschenswert, denn „höherrangige" Erfahrungen setzen immer auch einen intensiveren Reflexionsgrad beim Kunden voraus – was dieser im Sinne der Wahrung einer kognitiven Balance nicht anstrebt. In Bezug auf das dritte Kriterium – den *Grad der (kognitiven) Reflexion* – unterscheiden Kahnemann und Tversky (2000) in ihrem weltweiten Buch-Bestseller „Schnelles Denken, langsames Denken" zwischen System 1 und 2. System 1 umfasst kognitive Denkprozesse, die weitestgehend unbewusst und sehr schnell ablaufen sowie in automatischen, spontanen Verhaltensweisen münden (Autopilot). Ein Beispiel wäre das Addieren von 2 + 2 oder das Autofahren auf der Autobahn. Dieses System erfordert sehr wenig kognitive Leistung. Im Vergleich dazu verlangt das System 2 (Pilot) eine sehr hohe kognitive Leistung. System 2 arbeitet langsam und schwerfällig, ist aber für komplexere Aufgaben stets erforderlich, z. B. für die Multiplikation von 13 und 11 oder das Autofahren in der befüllten Fußgängerzone. Nach Rossman und Duerden (2019) erfordern einprägsame, substanzielle und transformierende Erfahrungen immer einen höheren Reflexionsgrad des Kunden, wobei transformierende Erfahrungen die intensivste kognitive Verarbeitung erfordern. Das Kriterium *emotionale Tiefe* sagt aus, welche Art von Emotionen bei einer Erfahrung jeweils zum Tragen kommt. Während bei allen Erfahrungen (simplere) körperliche, unmittelbare, jedoch nur für den Moment wirkende Emotionen relevant sind, sind für die weiteren vier Erfahrungen auch geistige, etwas länger andauernde Freuden präsent. Jedoch können nur mit substanziellen und transformierenden Erfahrungen tiefere Befriedigungen, welche nicht körperlich oder chemisch induzierbar sind, erzielt werden.

Nun wollen wir die Erfahrungen für sich etwas näher betrachten (spaltenweise statt zeilenweises Vorgehen) und Beispiele ergänzen. Da **prosaische Erfahrungen** nicht oder kaum in das Bewusstsein des Kunden gelangen, bieten sie isoliert betrachtet keinen (offensichtlichen) Kundenmehrwert und dienen somit eher nicht zur Wettbewerbsdifferenzierung. Dennoch können sie vom Unternehmen durchaus angestrebt werden. Und zwar immer genau dann, wenn es um Aktivitäten geht, die auf dem Weg zu relevanteren Aktivitäten wie z. B. eine Kauftransaktion erforderlich sind. Beispiele sind das Parken beim Supermarkt oder das Bezahlen im Online-Shop. Hier sollte der Fokus des Anbieters drauf liegen, diese Aktivitäten so einfach wie möglich zu gestalten (z. B. indem klar verständliche Parkschilder montiert werden), damit der Kunde im System 1- bzw. Autopilot-Modus verweilen kann. Muss er hingegen in den System 2- bzw. Pilot-Modus wechseln – bedingt beispielsweise durch das Auftreten von Komplikationen (z. B. weil Parkschilder fehlen) – steigt die Gefahr negativer Kundenerfahrungen. Prosaische Erfahrungen sind die häufigsten Erfahrungen, die ein Kunde macht. Sie bewirken im positiven Fall *körperliches* Wohlempfinden.

Wie auch alle weiteren Erfahrungen verlangen **kognitive Erfahrungen** die *aktive bzw. bewusste kognitive Auseinandersetzung* mit dem Erfahrungselement. Somit wird das System 2 erstmalig und in geringer Intensität bemüht, so dass geistige Freuden möglich sind. Ein Beispiel wären die Sicherheitshinweise im Flugzeug. Damit die Flugpassagiere überhaupt erst zuhören, muss ihre kognitive Aufmerksamkeit gewonnen werden. Dies wird häufig mittels schöner Stewardessen und Stewards oder Humor versucht zu erreichen. Erst bei einer **einprägsamen Erfahrung** kann allerdings aufgrund eines emotionalen Involvements von einer (signifikanteren) Verhaltensänderung beim Kunden ausgegangen werden. **Substanzielle Erfahrungen** haben einen noch größeren Einfluss auf das Kundenverhalten als einprägsame Erfahrungen, denn es werden neue relevante Entdeckungen für einen selbst oder hinsichtlich eines Verständnisses von etwas erzielt. Im Grunde ermöglichen alle pionierhaften Unternehmen wie z. B. Tesla oder AirBnB mit ihren innovativen Angeboten substanzielle Kundenerfahrungen. Aufgrund des Neuigkeitswerts von Produkten, Services oder Touchpoints sollte auch an Möglichkeiten gedacht werden, wie sich die neuen, positiven Erkenntnisse und Erfahrungen mit anderen teilen lassen. **Transformierende Erfahrungen** passieren äußert selten und hinterlassen tiefe Spuren beim Konsumenten. Neben Reflexion, Emotion, Entdeckung muss zusätzlich ein signifikanter Wandel in der Psychologie des Konsumenten hervorgerufen werden. Diese Erfahrung könnte beispielsweise ein hervorragender TedTalk hervorrufen. Es gilt allerdings zu berücksichtigen, dass all diese Erfahrungen sehr subjektiv sind. Löst der TedTalk bei einer Person eine transformierende Erfahrung aus, so kann der gleiche Talk bei einer anderen Person – z. B. weil diese sehr abgelenkt oder weniger offen ist – ggfs. nur eine prosaische oder kognitive Erfahrung darstellen.

Das eben beschriebene Tool bzw. Klassifikationsschema von Rossman und Duerden (2019) bietet ein gute Grundlage, um einzuschätzen, welche Arten von Kundenerfahrungen nicht nur *existieren*, sondern wie *relevant* diese jeweils für anzustrebende Kundenziele wie beispielsweise die Weiterempfehlungs- oder Kundenbindungsrate sind. Die Limbic Map von Häusel (vgl. Abb. 2.3) bietet hingegen *konkrete* Emotionen bzw. Motivsysteme an, die genau solche *spezifischen* Kundenerfahrungen repräsentieren können, welche die

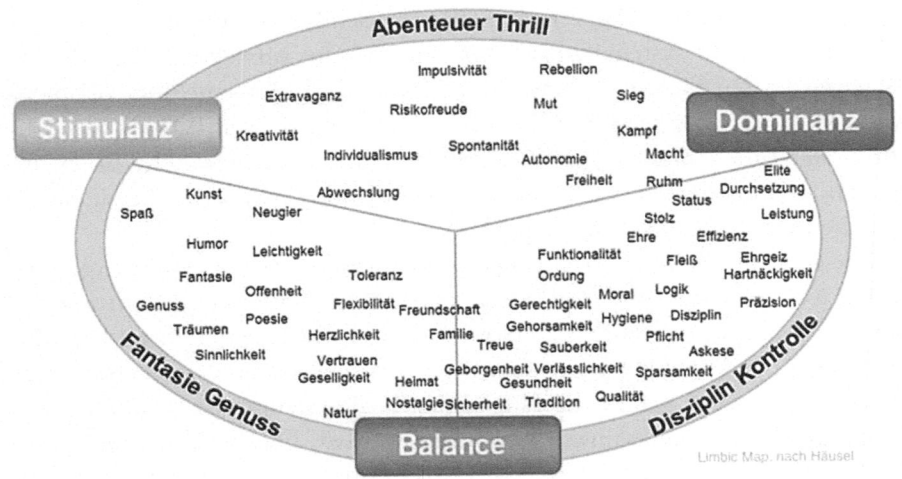

Abb. 2.3 Limbic Map. (Quelle: Häusel 2019)

Unternehmens-DNA zentral definieren (vgl. auch Abschn. 3.2). Aufgrund dieser unterschiedlichen Ausrichtung ihrer Konzepte, bietet sich eine komplementäre Verwendung an.

Die Limbic Map von Häusel (2019) stellt das visualisierte Ergebnis umfangreicher wissenschaftlicher Erkenntnisse u. a. in den Bereichen Neurologie, Psychologie, Soziologie und Philosophie dar. In der Limbic Map sind zentrale interpersonelle Motiv- und Emotionsysteme, welche den Menschen (bzw. Kunden) antreiben und seine Handlungen ausrichten, in strukturierter Form erfasst (vgl. Abb. 2.3). Die dargestellten Motiv- und Emotionssysteme sind interpersonell, weil sie in jedem Menschen veranlagt sind. Individuelle Unterschiede liegen lediglich in der *individuellen* Veranlagungs*stärke* der einzelnen Motive vor. Übergeordnet lassen sich drei zentrale Emotions- und Motivsysteme benennen: Dominanz, Stimulanz und Balance. Ebenso lassen sich „Zwischenbereiche" definieren, welche durch die Kombination aus jeweils zwei der drei übergeordneten Systeme entstehen. Aus der Kombination von Dominanz und Stimulanz entsteht Abenteuerlust. Die Mischung aus Dominanz und Balance ergibt Kontrolle und die aus Balance und Stimulanz ergibt Fantasie. Diesen gröberen Emotionssystemen sind nun konkrete (Kauf-)Motive bzw. Emotionen zugeordnet. Aufgrund ihres universellen Charakters (die Motive, Werte bzw. Emotionen sind in den Köpfen aller Kunden weltweit angelegt), können Markenunternehmen weltweit und aus jeder Branche die Limbic Map als Inspiration zur Positionierung ihrer Marken und zur Definition ihrer kundenerfahrungszentrierten Unternehmens-DNA verwenden.

Beispielsweise ließe sich die Marke Becks in dem Bereich mitte-oben der Limbic Map einordnen, da die Marke Motive wie Abenteuer, Spontanität oder Abwechslung anspricht. Analog sollte sich jedes Unternehmen fragen, welche emotionalen Kaufmotive aktuell bei seiner Zielgruppe gegeben sind bzw. welche Motive es in Zukunft adressieren möchte.

Mit Hilfe der **Customer-Journey-Analyse** soll nun vor allem auf die in der Empathy Map aufgeworfene Frage „Was *tut* der Kunde?" eingegangen werden. Genauer gesagt sollen diejenigen Touchpoints identifiziert, visuell verknüpft und analysiert werden, die ein typischer Kunde (die Persona) im Kontext eines Kaufvorgangs nutzt. Das Endresultat stellt die Customer Joureny Map dar. Je nach Erweiterung der Analyse lassen sich weitere Fragen der Empathy Map mit dieser Methode adressieren (z. B. „Was *hört, sieht* oder *fühlt* der Kunde an Touchpoint xy?"). Ihre hohe Eignung für die Kundenanalyse lässt sich also u. a. damit begründen, dass sie neben verhaltensorientierten auch psychologische Aspekte der Kundenanalse (vgl. Tab. 2.1) integrieren kann. Abb. 2.4 zeigt die relevanten Schritte, um eine übersichtliche Customer-Journey-Map zu erstellen. Als Hilfsmittel zur Durchführung der Schritte I.–III. eignen sich zunächst schlichte (analoge) Post-its. Diese bzw. deren Inhalte sollten im Anschluss mit Hilfe eines digitalen Customer-Journey-Tools (zum Beispiel smaply.com) digitalisiert werden, so dass die Journey für die Zukunft gespeichert und einfach adaptier- und erweiterbar bleibt.

Häufig fehlen Informationen zur Durchführung oben skizzierter Analysen, so dass sich die Frage stellt, welche Datenquellen herangezogen werden kön-

|
I. Zielgruppe / Persona definieren |
II. Touchpoints (TP) identifizieren |
III. TP in zeitliche Reihenfolge bringen |
IV. Customer Experience je TP messen |
V. Customer Journey-Map erstellen |
|---|---|---|---|---|
| • Anhand von Personas (bzw. fiktiven Personen) soll die „Reise" einer Zielgruppe durch das Unternehmen erfasst werden
• Für diese Figur wird überlegt, welche Touchpoints bis zur Conversion genutzt werden
• Ebenso wird überlegt, welche **Motive** für den Kauf in Frage kommen | • Festlegung des Umfangs der Customer Journey Map
• Datenanalyse (extern und intern) hilft, um relevante TP zu identifizieren
• Externe Quellen: z. B. Studien
• Interne Quellen:
– Kunden- und Mitarbeiterbefragungen
– Online-Tracking (z. B. Web Analytics, Social Media Monitoring, NL-Statistik)
• Ebenso sollte ermittelt werden, welche Touchpoints besonders relevant sind | • Zur Identifikation einer typischen Reise werden TP zeitlich verbunden – beginnend mit dem ersten Kontakt bis zur finalen Aktion (z. B. Kauf)
• Die Journey sollte wie folgt eingeteilt werden:
– *Aktivierungsphase:* Passive Informationsverarbeitung
– *Informationsphase:* Aktive Suche nach Informationen
– *Aktionsphase:* Auswählen, kaufen & bezahlen
– *Bindungsphase:* After-Sales Services + Cross- & Up-Selling | • Vermessung der CX an jedem einzelnen TP
• Es bietet sich eine Kombination aus qualitativen und quantitativen Methoden an
• Qualitativ: z. B. Tiefeninterviews mit Kunden und Mitarbeitern
• Quantitativ: z. B. Online-Erhebung des NPS-Werts je Touchpoint | • Die zusammengetragenen Informationen werden nun in einer Customer Journey Map visualisiert
• Zwingend erfasst sollten sein:
– Relevante TPs
– Textliche und/oder visuelle Beschreibung der TPs
– CX je TP und Zieldiskrepanz
– Relevanz je TP
• Optional können ergänzt werden:
– Beiträge je Mitarbeiter für die gewünschte CX
– Optimierungs-möglichkeiten
– Kunden-Interaktionen |

Abb. 2.4 Anleitung zur Durchführung einer Customer-Journey-Analyse. (Quelle: Eigene Darstellung)

nen. Abb. 2.5 zeigt, welche klassischen Möglichkeiten grundsätzlich existieren. Die konkrete Anzahl und Art der Quellen sollte im Einzelfall anhand der Kriterien Zeit, Kosten und Mehrwert festgelegt werden.

2.2 Die Umwelt des Kunden und Unternehmens verstehen sowie Trends und Marktdynamiken antizipieren

Der Kunde ist in eine Umwelt eingebettet, die ihn und sein Kaufverhalten beeinflussen. Diese Umwelt ist ganz besonders durch die Soziokultur geprägt, in heutigen digitalen Zeiten aber zunehmend auch durch neue Technologien. Da wir im Kontext der Erlangung einer zukünftigen Wettbewerbsfähigkeit eines Unternehmens weniger an dem Status Quo als an mittel- bis langfristigen *Dynamiken* in der Umwelt interessiert sind, wollen wir zunächst einen Blick auf **soziokulturell geprägte** *Megatrends* werfen, welche den langfristig stabilsten Effekt auf das Kundenverhalten und die Industriemärkte versprechen. Das deutsche Zukunftsinstitut hat „12 Megatrends der globalen Gesellschaft" definiert (vgl. Abb. 2.6). Um hieraus echte Kundeninsights abzuleiten, welche die Grundpfeiler des Unternehmens definieren, besteht die unternehmerische Aufgabe vor allem in der *Interpretation* eines oder mehrerer dieser Trends.

So hat sich AirBnB beispielsweise den globalen Megatrend Individualisierung zu Nutze gemacht, indem es u. a. den Kommunikationsslogan „Live like a local" entworfen hat. Patagonia hat den Ökologietrend aufgegriffen, um langlebige und die Umwelt nicht unnötig belastende Produkte zu entwickeln. Aus der Kombination von Globalisierung und Konnektivität lässt sich zudem

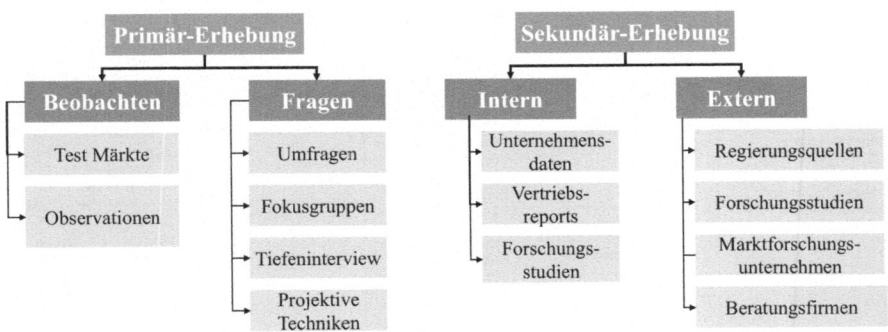

Abb. 2.5 Mögliche Datenerhebungsformen zur Unterstützung der Kundenanalyse. (Quelle: adaptiert von Sarstedt und Mooi (2019))

Abb. 2.6 12 Megatrends der globalen Gesellschaft. (Quelle: adaptiert vom Zukunftsinstitut 2020)

der Megatrend „komplexe und dynamische Welt" bilden. Dieser Megatrend hat die Werte von Disney und Nike elementar, jedoch auf unterschiedliche Art und Weise beeinflusst: Disney hat diesen Trend in Richtung „Eskapismus" interpretiert (Slogan für Disneyland: „The happiest place on earth"), während Nike auf die Komplexität der Welt mit „Widerstandskraft" („Just do it") geantwortet hat.

Wie sehr sich Megatrends in Kunden- und Industrietrends manifestieren, soll zudem anhand eines Beispiels aus der Bierbranche verdeutlicht werden. Abb. 2.7 zeigt, dass Megatrends in der Regel eine Dynamik zunächst auf Kunden- und folglich auf Industriemarktseite auslösen.

Auch im Bereich **Technologien** lassen sich Megatrends, welche die Verhaltensweise der Konsumenten und die Unternehmensaktivitäten massiv beeinflussen, feststellen. Kevin Kelly (2016) hat in seinem faszinierenden Buch „The Inevitable: Understanding the 12 Technological Forces That Will Shape Our Future" die technologischen Trends unserer Zeit sehr geeignet und in Form von Verben (nicht konkreter Technologien) zusammengefasst. Die aus meiner Sicht prägnantesten dieser Trends sollen hier kurz in tabellarischer Form wiedergegeben werden (vgl. Tab. 2.2).

Die Geschwindigkeit sowie Art und Weise, mit der diese Technologietrends Industriegrenzen verschieben oder gar auflösen, ist atemberaubend. So standen beispielsweie noch vor wenigen Jahren die Unternehmen GM, Alphabet/ Google, Apple und Continental noch in keinerlei Wettbewerberverhältnis – sprich es ließen sich klare Industriegrenzen zwischen diesen Unternehmen ziehen (vgl. Abb. 2.8).

Abb. 2.7 Einfluss von Megatrends auf Konsumenten- und Intrustrietrends am Beispiel der Bierbranche. (Quelle: Eigene Darstellung)

Heute und morgen buhlen diese vier Unternehmen sowie weitere Unternehmen wie Uber, Lift und Apple um den *selben* Kunden – die in Tab. 2.2 beschriebenen technologischen Trends machen dies möglich. Die neue Branche, welche alte starre Industriegrenzen zwischen den Automobil-, Automobilzulieferer- und Technologieindustrien durchlässig gemacht hat, nennt sich Mobilitätsbranche. In dieser Branche erhofft sich nicht nur GM, sondern auch all die anderen genannten Unternehmen versprechen sich Umsätze ein und des selben Kunden – bei gleichen oder unterschiedlichen Mobilitätsleistungen. Die Brücke zwischen dem „Gestern" und dem „Morgen" stellt das „Heute" dar. An der Tatsache, dass GM „heute" 500 Mio. US-Dollar in Lyft investiert, erkennt man exemplarisch, dass dieses Unternehmen „morgen" neben Autos auch Mobilität anbieten will (Accenture 2018).

Obiges Beispiel wird häufig als Drohszenario für andere „alteingesessene" Unternehmen (wie GM) in anderen Branchen verwendet, wenn sie die Bedeutung und Dynamiken neuer Technologien nicht erkennen (wollen). In der heutigen extrem dynamischen Zeit den Durchblick zu behalten und die Relevanz unterschiedlicher Technologien für das eigene Unternehmen zu erkennen, ist sicherlich auch nicht ganz einfach. Für die kontinuierliche Antizipation und Bewertung neuer Technologietrends lassen sich unterschiedliche Quellen heranziehen – wie zum Beispiel:

- Gartner Hype Cycle: Jährliche, intensive Beschreibung sowie Reifegradbewertung allgemein relevanter und aufstrebender Technologien – verfügbar auch für konkrete Bereiche wie z. B. Marketing und Kundenservice.
- Diverse Artikel und Studien: So hat z. B. die Studie von Newman und McClimans (2019) relevante Technologien für den Bereich Customer

Tab. 2.2 Fünf technologische Megatrends unserer Zeit

Technologische Megatrends	Kurzbeschreibung	Relevanz für das Customer-Experience-Management
Flowing (kontinuierlicher Fluss digitaler Daten)	• Aufgrund der niedrigen Grenzkosten von (fast) Null fließen digitale Daten (Bits & Bytes) stetig durch das Netz; Milliarden von Songs, Videos, Gedanken, Codes usw. werden in Echtzeit gestreamt und geteilt • Konsequenz: Enormer Bottom-up-Prozess der kollaborativen Schaffung („Crowdsourcing") und gemeinsamen Nutzung digitaler Ressourcen	Es geht um *echte* Wertschöpfung. Fokus muss auf Themen liegen, die schwer zu kopieren sind: • Marke bzw. Markenwerte • Vertrauen • Personalisierung • Leichter Zugang zu Services
Tracking (digitale Vermessung)	• Kleinere Chips, Sensoren, stärkere Batterien und die Verbindung mit der Cloud machen Messungen in allen Bereichen möglich • Beispiele: Quantified Self, Online Cookies	Messung und Analyse jedes Kundentouchpoints bzw. der Customer Journey zur Erstellung persönlicher Angebote
Filtering (z. B. Preisfilter oder Empfehlungssysteme)	• Durch das digitale Überangebot von Milliarden von Songs, Filmen, Tweets, Liftstyle Optionen (Food, Café, Kleidung), benötigen wir digitale Filter • Beispiele: KI-basierte Filter und Empfehlungssysteme von Amazon/Netflix, aber auch z. B. Preisfilter etc.	Angebote und Preise müssen so persönlich wie möglich sein
Cognifying (Artificial Intelligence)	• Nach der industriellen Revolution (künstliche Energie) leben wir jetzt in der nächsten Revolution der künstlichen Intelligenz (KI) • Der so genannte „KI-Winter" endete mit Big Data, billigen GPUs und selbstlernenden Algorithmen • Erschwingliche, bei Bedarf verfügbare KI (wie Energie) wird in den nächsten Jahren jede Industrie disruptieren	Anwendungsbeispiele von KI im Kontext der Customer Experience: • Predictive Analytics für persönliche Empfehlungen – Produkte und VAS • Smarte Chatbots

(*Fortsetzung*)

Tab. 2.2 (Fortsetzung)

Technologische Megatrends	Kurzbeschreibung	Relevanz für das Customer-Experience-Management
Accessing (digitale Plattformen)	• In einer Welt des Zugangs ist das Besitzen nicht mehr relevant: AirBnB besitzt weder Häuser noch Hotels, Uber besitzt keine Autos – sie besitzen vielmehr eine digitale Plattform/ein digitales Ökosystem • Hohe Customer Experience: Kunde genießt die Vorteile einer Dienstleistung, muss aber keine Nachteile befürchten (z. B. pauschale Versicherung sämtlicher Services durch die Plattform) • Der Zugang zu Dienstleistungen kann durch immer bessere Benutzerschnittstellen (z. B. Apps, Website, Chatbots, AR/VR) ermöglicht werden.	Entwicklung digitaler Plattformen (siehe Plattform-Framework in Abschn. 3.3)

Quelle: Eigene Darstellung – inspiriert von Kelly (2016)

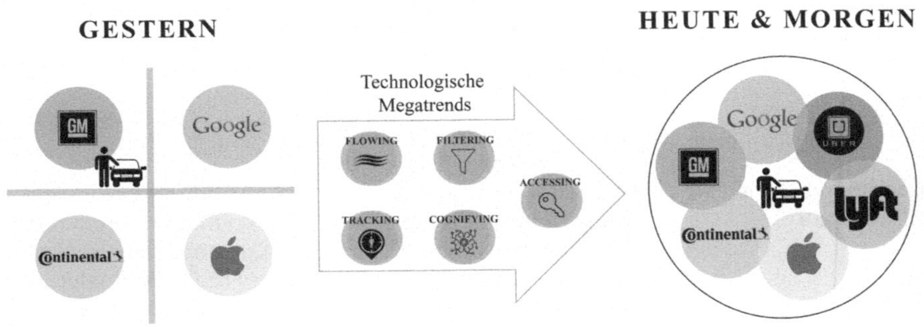

Abb. 2.8 Technologische Megatrends bedingen das Auflösen traditioneller Industriegrenzen zugunsten neuer Märkte. (Quelle: Eigene Darstellung)

Experience analysiert. Ihr Ergebnis in Kürze: Insbesondere Dronen, Chatbots, autonome Fahrzeuge, Augmented Reality und persönliche Assistenten werden die Kundenerfahrungen auf ein nochmal höheres Level heben.

- Cloud-Anbieter: Die großen Tech-Unternehmen bzw. deren Cloud-Sparten wie AWS, Google Cloud oder Microsoft Azure bieten zwar keine dedizierte Bewertung der Technologien an, doch kann man davon ausgehen, dass sie alle modernen Technologien mit einem hohen Reifegrad (z. B. Machine Learning) sowie stark aufkommende Technologien (z. B. Blockchain) anbieten.

- Start-up-Datenbanken: Crunchbase und andere Start-up-Datenbanken verfügen über Daten von Start-ups wie z. B. Technologien, auf welche sich diese fokussieren. Indem z. B. weltweit verteilte Start-ups, die mit ihrem Geschäftsmodell das Thema Blockchain adressieren, über einen Zeitraum x hinsichtlich ihrer Funding-Summe analysiert werden, ließe sich beispielsweise die Intensität der Relevanzzunahme dieser Technologie feststellen.

Letztere Analyse habe ich in ähnlicher Form vor ein paar Jahren für ein internationales Unternehmen der Finanzbranche durchgeführt. Zwei Visualisierungs- und Bewertungstools – die Heat Map und der Technologie-Radar –, welche in Abb. 2.9 ersichtlich sind (aus Datenschutzgründen wurden die meisten Daten jeweils gelöscht), haben sich hierbei bewährt. Die auf Basis der Datenbankanalyse erstellte Heat Map zeigt anhand unterschiedlich intensiver Farben auf, welche Fundings Start-ups in bestimmten Technologiebereichen im Zeitverlauf erhalten haben. Im Zeitverlauf steigende Fundings sprechen

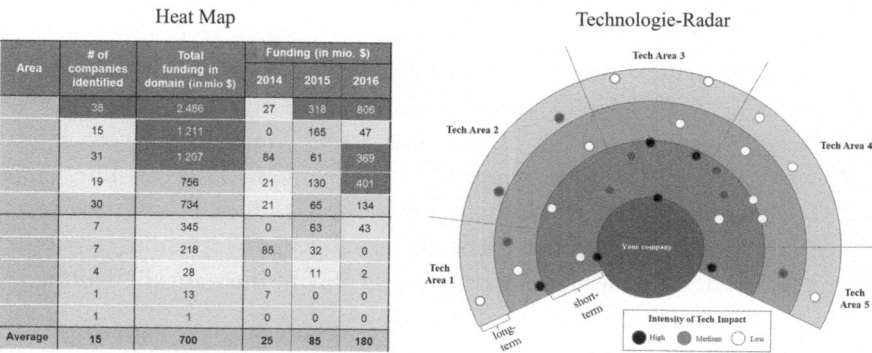

Abb. 2.9 Heat Map (links) und Technologie-Radar (rechts) zur Bewertung der Dynamiken in unterschiedlichen Technologiebereichen (exemplarische Darstellung ohne erhobene Daten). (Quelle: Eigene Darstellung)

also für eine zunehmende Bedeutung der jeweiligen Technologien. Ebenso wurde in dem Beratungsprojekt ein Technologie-Radar verwendet, um die verschiedenen Technologien anhand einer zeitlichen und einer intensitätsmäßigen Dimension von Experten zu bewerten. Technologien, die beispielsweise eine intensive Einwirkung auf das eigene Unternehmen vermuten ließen, wurden mit einem schwarzen Kreis im Radar erfasst.

Unabhängig von der Quelle der Technologiebewertung lässt sich übergeordnet sagen: Den aktuell relevantesten Technologien ist gemeinsam, dass sie nicht nur der Digitalisierung allgemein, sondern immer häufiger dem Bereich der Künstlichen Intelligenz (KI) zugeordnet werden. Aufgrund ihrer aktuellen und zunehmenden Relevanz in der Geschäftswelt, soll dieser übergeordnete Technologietrend der KI im Folgenden gesondert beleuchtet werden.

2.3   Künstliche Intelligenz als übergeordneter Technologietrend

Die ganz zu Beginn dieses Buches gestellte Frage, was die Unternehmen Amazon, Tesla, Netflix und AirBnB gemeinsam haben, hätte man auch anders beantworten können als zu sagen, dass sie sich durch einen sehr hohen NPS-Wert auszeichnen. Anstatt auf diese Zielgröße, hätte ich auch auf die *vom Unternehmen eingesetzten Mittel* abstellen können, die zu den hohen Ergebniswerten führen. Diese unternehmerischen Mittel sind seit dem neuen Jahrtausend immer mehr die übergeordneten Technologiethemen Digitalisierung, Data Science und KI. Aufgrund der Tatsache, dass diese drei Themen sehr stark miteinander verwoben sind und sich eine weitergehende Konvergenz abzeichnet (Taulli 2019), lassen sie sich nicht (mehr) getrennt voneinander betrachten. Folgende drei zentrale Beschleuniger liegen ihnen jeweils zu Grunde: Immer mehr Daten, schnellere Computer-Chips (GPUs statt CPUs) und bessere Algorithmen. Da die *Differenzierung* vom Wettbewerb in Zukunft weniger über Digitalisierungsthemen allgemein (z. B. Mobile, Apps, Internet), sondern eher über wirklich *intelligente* Maschinen und Anwendung gelingen wird (z. B. intelligente Chatbots, intelligente Empfehlungssysteme), soll hier überblicksmäßig das Thema KI und ihr Einfluss auf die Kundenerfahrung in den Fokus gerückt werden.

Aufgrund der dynamischen Auffassung, welche maschinengesteuerten Anwendungen wir als intelligent ansehen, scheint folgende KI-Definition von Rich et al. (2009) geeignet:

Künstliche Intelligenz (KI)/Artificial Intelligence (AI)

„AI is the study of how to make computers do things at which, at the moment, people are better"

In der Literatur wird zwischen starker und schwacher KI unterschieden. Starke KI bezeichnet eine Maschine, die dem Menschen ebenbürtig ist, während die schwache KI uns nur in einzelnen Bereichen überlegen ist. Eine Auswahl, wo KI uns bereits „das Wasser abgegraben" hat (z. B. Schach) und wo noch nicht (z. B. Wissenschaft), wird aus Abb. 2.10 ersichtlich.

In einigen Bereichen wird unser Vorsprung wohl noch einige Zeit anhalten, denn wir stellen – auch vermehrt im Kontext der KI-Forschung – fest, dass die menschliche Intelligenz extrem hoch bzw. äußerst komplex (nachzubilden) ist. Dies ist angesichts der Tatsache, dass wir über 100.000.000.000 Gehirnneuronen mit jeweils bis zu 10.000 Verbindungen verfügen, nicht verwunderlich (Glimcher und Fehr 2013, S. 63).

Der steigende Wasserlevel deutet an, dass KI nicht 1 oder 0 bzw. vorhanden oder nicht vorhanden ist, sondern, dass diese wie bei Menschen unterschiedliche Grade aufweist. Beim autonomen Fahren sprechen wir beispielsweise von fünf (Intelligenz-)Stufen, wobei Stufe 1 ungefähr einem Spurhalteassistenten, Stufe 3 einem unter Aufsicht lernenden System und Stufe 5 einem vollständig autonom lernenden System entspricht, welches bei allen Witterungsbedingungen und Straßenverhältnissen zurechtkommt (Future Today Institute 2020). Bei einem Computer allgemein kann zwischen folgenden Intelligenzstufen unterschieden werden, wobei erstere Stufe einer Intelligenz von Null gleichkommt:

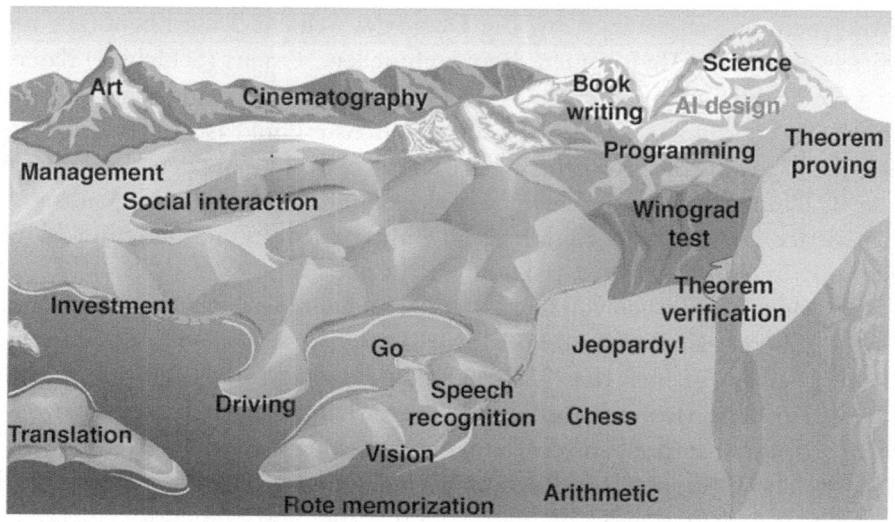

Abb. 2.10 Das Wasser- bzw. Intelligenzlevel von KI steigt. (Quelle: Tegemark 2017)

- Kein Entscheiden – Computer als bloße Ausführungseinheit: Computer führt repetitiv eine sehr spezifische, ihm überlassene Aufgabe aus, die durch einen Menschen überwacht wird (z. B. Excel-Kalkulation, E-Mail-Versand, Spurhalteassistent)
- Assistiertes Entscheiden – Computer als Assistent: Computer kann unüberwacht und auf Basis von Programmierbefehlen komplexere Tätigkeiten automatisiert ausführen (z. B. simpler bzw. nicht-lernender Chatbot, Auslesen eines Versicherungsfalls)
- Eigenes und immer besseres Entscheiden – Computer als Kollege: Computer kann ähnliche Aktivitäten in Teilbereichen wie Menschen durchführen und wird über die Zeit besser (z. B. NLP-basierter Chatbot, immer besseres Auslesen und finales Bearbeiten des Versicherungsfalls)
- Delegierendes und autonomes Entscheiden – Computer als Manager: Computer kann Aufgaben der hierfür am besten geeigneten Instanz übergeben sowie das Ergebnis bewerten.

Im Customer-Experience- und Kunden-Kontext gibt es mittlerweile unzählig viele KI-Anwendungen. Gentsch (2019) hat in seinem holistischen KI-Ebenen-Modell (vgl. Abb. 2.11) zahlreiche kundenrelevante KI-Cases benannt (siehe zweitoberste Ebene) sowie die zur Erstellung dieser Cases erforderlichen KI-Bausteine ausgewiesen (siehe untere drei Ebenen).

Dieses „KI-Baukasten-System" soll anhand des Beispiels von Netflix kurz erläutert werden. Das Empfehlungssystem von Netflix hat als Grundlage zunächst eine Digitalisierungsdimension, indem es auf das Internet, schnelle Prozessoren etc. angewiesen ist. Big Data bzw. Schicht 2 wird benötigt, um mittels geeigneter Algorithmen des maschinellen Lernens (Schicht 3) datenbasierte Empfehlungen (Schicht 4) für einen konkreten Kunden in Echtzeit ausspielen zu können. Der wettbewerbskritischste Punkt ist in der Regel die Schicht 3, welche die „Kernebene" der KI darstellt. Die Art der Algorithmen macht häufig den Unterschied, ob der Kunde eine positive Customer Experience erfährt (z. B. Kunde erhält immer wieder gute Filmempfehlungen) oder nicht.

Das Modell und Buch von Gentsch (2019) dienten mir als Inspiration, um ein detailliertes KI-Reifegradmodell für die Unternehmenspraxis zu entwickeln. Die Idee ist hier, dass Unternehmen einschätzen können, wie gut sie aktuell bei dem Thema Künstliche Intelligenz im Bereich Kundenmanagement aufgestellt sind. Ebenso soll anhand des Modells abgeleitet werden können, welche Optionen zur Erlangung einer besseren Wettbewerbsposition bestehen. Die zentralen KI-Dimensionen und ihre Sub-Dimensionen (Fähigkeiten) sind in Abb. 2.12 wiedergegeben. Bei Bedarf können vertiefende

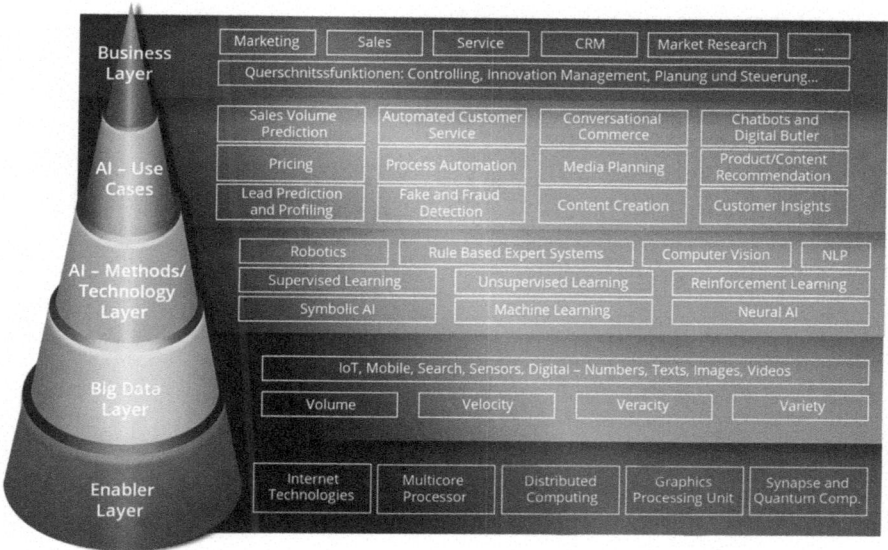

Abb. 2.11 KI-Bausteine innerhalb von fünf Ebenen. (Quelle: Gentsch 2019)

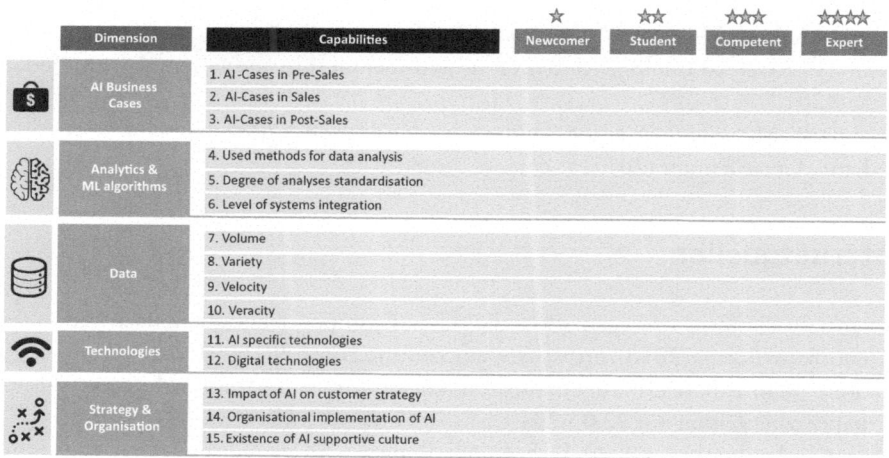

Abb. 2.12 Dimensionen, Messkriterien (bzw. Capabilities) und Messskala im KI-Reife-gradmodell. (Quelle: Eigene Darstellung)

Modelleinsichten wie z. B. die Items zur Messung der (Sub-)Dimensionen angefragt werden.

Literatur

Buch

Gentsch, P.: Künstliche Intelligenz für Sales, Marketing und Service: Mit AI und Bots zu einem Algorithmic Business – Konzepte und Best Practices. Springer Gabler, Wiesbaden (2019)

Glimcher, P.W., Fehr, E.: Neuroeconomics: Decision Making and the Brain. Academic Press, London (2013)

Häusel, H.: Neuromarketing: Erkenntnisse der Hirnforschung für Markenführung. Werbung und Verkauf, Haufe (2019)

Kahnemann, D., Tversky, A.: Choices, Values, and Frames. Cambridge University Press, Cambridge (2000)

Kelly, K.: The Inevitable: Understanding the 12 Technological Forces That Will Shape Our Future. Viking, New York (2016)

Rich, E., Knight, K., Nair, S.B.: Artificial Intelligence. Tata McGraw-Hill, New York (2009)

Rossman, J.R., Duerden, M.D.: Designing Customer Experiences. Columbia University Press, New York/Chichester (2019)

Sarstedt, M., Mooi, E.: A Concise Guide to Market Research – The Process, Data, and Methods Using IBM SPSS Statistics. Springer, Berlin (2019)

Taulli, T.: Artificial Intelligence Basics: A Non-technical Introduction. Apress, Berkeley (2019)

Tegemark, M.: Life 3.0: Being Human in the Age of Artificial Intelligence. Allen Lane, Great Britain (2017)

Internetquellen

Accenture: Platform strategies: How the rules of competitiveness have changed in the era of ecosystems (2018). https://www.accenture.com/t20160916T003724__w__/fi-en/_acnmedia/PDF-28/Accenture-Platform-Strategies-Infographic.pdf. Whitepaper, zugegriffen am 22.03.2019

Future Today Institute: 2020 Tech Trends Report – Strategic trends that will influence business, government, education, media and society in the coming year (13.01.2020). https://futuretodayinstitute.com/2020-tech-trends/. Whitepaper, zugegriffen am 22.04.2020

Newman, D., McClimans, F.: Experience 2030 – The Future of Customer Experience Is … NOW! (Oktober 2019). https://www.sas.com/en_gb/whitepapers/futurum-experience-2030-emea-110977.html. Zugegriffen am 05.05.2020

Zukunftsinstitut: Megatrends (2020). https://www.zukunftsinstitut.de/dossier/megatrends/. Zugegriffen am 05.05.2020

3

Outside-In: Marke, Kundenstrategie und Erfahrungselemente auf Basis einer Customer Experience zentrierten Unternehmens-DNA entwickeln

Zusammenfassung Auf Basis einer tiefgründigen Kunden- und Umweltanalyse lassen sich der Kern bzw. die DNA des Unternehmens (Warum?), die Marke und Kundenstrategie (Wie?) sowie die Marktleistungen (Was?) kundenerfahrungszentriert konzipieren. Erster Baustein der Unternehmens-DNA stellen dabei die Kundenerfahrungen dar, die der Kunde im Kontext seiner Interaktion mit den Unternehmensleistungen erleben soll. Als zentrales Element wirken diese somit auf alle weiteren Unternehmenskonzepte und -leistungen, so dass sie metaphorisch als „Tinte im Wasserglas", die sich in alle Winkel des Unternehmens ausbreitet, oder als Stein, welcher auf der Wasseroberfläche konzentrische Kreise erzeugt, verstanden werden kann.

3.1 Die zentralen Unternehmensfragen: Warum? Wie? Was?

In seinem TedTalk strukturierte Sinek (2009) anhand des „Golden Circle" auf sehr gute Art und Weise die Kernfragen, die jedes Unternehmen für sich beantworten muss. Er schlug vor, dass jedes Unternehmen sich zuerst mit dem Grund seiner Existenz, also mit dem Sinn und Zweck bzw. dem „Warum?", befassen muss. Auf Basis der Antwort dieser ersten Frage soll es folglich definieren, „Wie?" und mit welchen Mitteln es den Sinn und Zweck realisieren will. Schließlich soll das Resultat in Form der im Markt konkret angebotenen Leistungen, also das „Was?" beschrieben werden.

T. Suwelack, *Toolbox Customer Experience*, https://doi.org/10.1007/978-3-658-30698-4_3

Wenden wir diese drei Leitfragen auf das CX-Framework an, so ergibt sich das Schema in Abb. 3.1. Hieraus geht zudem hervor, dass sich die drei Leitfragen jeweils erst beantworten lassen, nachdem im ersten Schritt, der Analyse, „die Welt da draußen" samt ihrer vielfältigen Dynamiken verstanden ist und so gut es geht antizipiert werden kann. Folglich lässt sich das „Warum?", sprich die CX-zentrierte Unternehmens-DNA definieren, bevor das „Wie?" bzw. das Markenmodell und die Kundenstrategie entwickelt werden (Abschn. 3.2). Die Unterfrage „Wie genau?" soll durch die Kreation und das Design der Erfahrungselemente adressiert werden (Abschn. 3.3). Die Phase der Implementierung (Kap. 4) beantwortet die Frage nach dem „Was?".

3.2 Definition der Customer Experience zentrierten Unternehmens-DNA (Warum?), Marke und Kundenstrategie (Wie?)

Ein Kernanliegen dieses Buches ist es, dass die Frage des „Warum?" maßgeblich anhand der *spezifischen Erfahrungen*, die ein Kunde in seinen Interaktionen mit dem Unternehmen erleben soll, beantwortet wird. So soll sich ein Kunde bei Apple beispielsweise cool, vital oder sexy, ein Kunde bei AirBnB individuell und weltoffen, ein Kunde bei Disney glücklich und im Flow fühlen können. Diese Gefühle und Gedanken – bzw. gemäß unserer Definition in Abschn. 1.2 kurz: Erfahrungen – sind zentral in den DNAs dieser Unternehmen verankert. Daher wollen wir den von Clatworthy (2019) geprägten Begriff der (kunden)erfahrungszentrierten DNA verwenden. Die meiner Meinung nach entscheidenden Komponenten einer solchen DNA habe ich in Abb. 3.2 systematisiert.

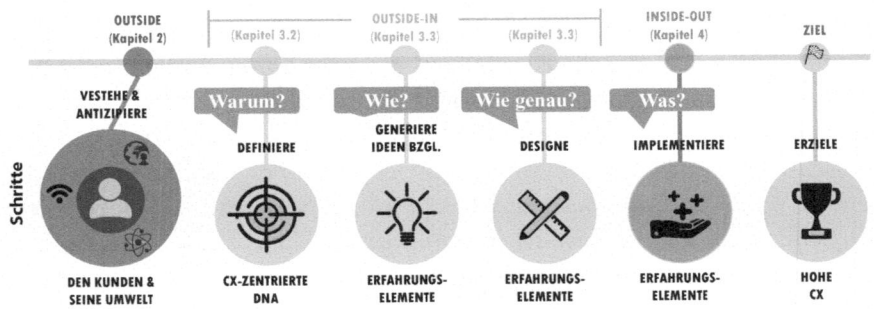

Abb. 3.1 Integration der W-Fragen des „Golden Circle"-Ansatzes in das CX-Framework. (Quelle: Eigene Darstellung)

Abb. 3.2 CX-zentrierte DNA eines Unternehmens („Warum?"). (Quelle: Eigene Darstellung)

1. **Customer Experience (CX):** Zentraler Kern der Customer Experience zentrierten DNA muss per definitionem die Experience sein, die der Kunde in seinen Interkationem mit den Erfahrungselementen entlang seiner Customer Journey erleben soll. Damit soll sichergestellt werden, dass die Customer Experience automatisch Ausgangspunkt aller weiteren Definitionen, Konzeptionen und Aktiväten des Unternehmens ist. Hiernach kann man sich die Kundenerfahrung als „Tinte im Wasserglas" vorstellen, die sich in alle Winkel eines Unternehmens auswirkt bzw. auswirken soll. Welche Kundenerfahrung dies in einem spezifischen Unternehmenskontext konkret ist, sollte anhand der in Abschn. 2.1 beschriebenen Tools identifiziert werden. Ein Beispiel für eine Kundenerfahrung, die den Kern der Mission und Vision von Facebook (siehe folgende Punkte 2 und 3) ausmacht, lautet: „sich verbunden fühlen"

2. **Kundenerfahrungszentrierte Mission:** Die Mission ist das erste Unternehmenskonzept, an dem sich die Kundenerfahrung manifestiert. Dies ist besonders wichtig, denn die Mission stellt den Sinn und Zweck der Unternehmung dar. Facebook (2020) stellt ein in diesem Sinne positives Beispiel dar. Ihre insbesondere nach außen bzw. an die Märkte und Kunden gerichtete Mission lautet: „To give people the power to build community and bring the world closer together."

3. **Kundenerfahrungszentrierte Vision:** Die Vision stellt ein ambitioniertes (und stärker nach innen gerichtetes) Ziel dar, welches das Unternehmen langfristig erreichen möchte (Kreutzer 2019, S. 33). Sie stellt eine positive Identifikation der Arbeitnehmer mit dem Unternehmen sicher und motiviert diese im Hinblick auf das zu erreichende Ziel. Facebooks (2020) in diesem Sinne formulierte Vision lautet: „People use Facebook to stay connected with friends and family, to discover what's going on in the world, and to share and express what matters to them".

In der klassischen Managementliteratur würde nun die Kundenstrategie genannt werden, welche die langfristig konzipierte Mission und Vision in mittel- bis langfristige strategische Unternehmensmaßnahmen übersetzen soll. Ich will hier allerdings bewusst die vor allem nach außen wirkende Marke „zwischenschalten" (vgl. Abb. 3.1), da sie ein wichiges strategisches Bindeglied bei der Übersetzung der Mission und Vision in die auf konkrete Marktziele ausgerichtete Kundenstratgie darstellt. Dabei will ich die Marke – wie die Kundenstrategie – der „Wie?"-Frage zuordnen. Dies deshalb, da im Folgenden weniger der reine Kern der Marke bzw. die „visionären" Marken*werte* beleuchtet werden sollen (welche der „Warum?"-Frage zugeordnet würden), sondern der Fokus wird auf Marken*modellen* liegen, die eher normativ-strategischer Natur sind, indem sie klare strategische Leitlinien für das Auftreten des Unternehmens und der Marke im Markt bieten. Die Kundenstrategie muss diese Leitlinien berücksichtigen (Abb. 3.3).

Um die **Marke** (vorletzter Ring in Abb. 3.1) kundenerfahrungszentriert aufzubauen, sollte ein geeignetes *Markenmodell* herangezogen und auf Basis der relevanten Kundenerfahrungen ausgearbeitet werden. In der Literatur gibt es eine Vielzahl guter Markenmodelle, die nach geeigneter Ausarbeitung eine sehr gute Orientierung nicht nur für das strategische, sondern auch das tägliche marktorientierte Handeln geben. Exemplarisch seien die in der Praxis

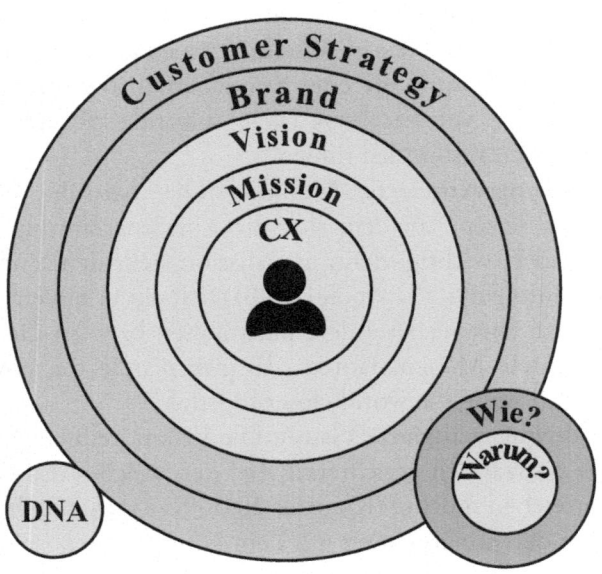

Abb. 3.3 Kreismodell zur Adressierung der „Warum?"- und „Wie?"-Fragen. (Quelle: Eigene Darstellung)

vielfach erprobten Markenmodelle von Esch (2017) und Kapferer (2012) in
Abb. 3.2 aufgeführt. Der Brand Identity Prism von Kapferer enthält neben
den (fettgedruckten) Modellaspekten wie z. B. Personality oder Culture zudem die exemplarische Anwendung des Modells auf die Marke Starbucks
(Abb. 3.4).

Welches konkrete Markenmodell für ein Unternehmen am besten geeignet
ist, muss unternehmensspezifisch beurteilt werden. Die beiden in Abb. 3.2

Esch's Markensteuerrad

Kapferer's Brand Identity Prism
(applied to Starbucks)

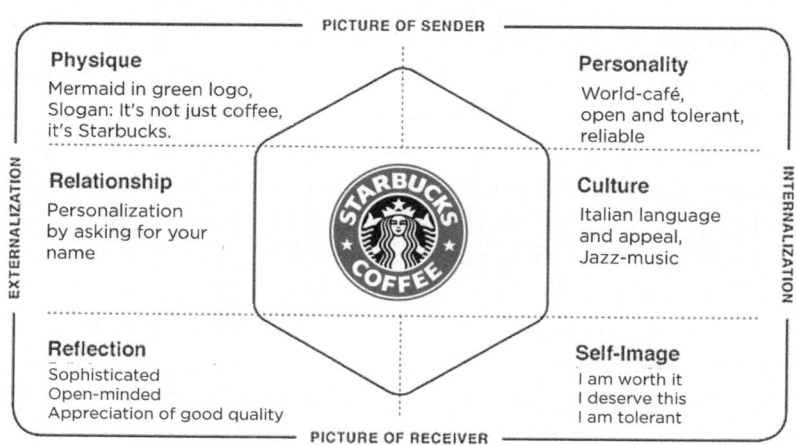

Abb. 3.4 Exemplarische Markenmodelle. (Quellen: Esch (2017, S. 97), adaptiert von
Kapferer (2012, S. x))

gezeigten Modelle lassen jeweils den Aspekt des Engagements, das eine Marke insbesondere in digitalen Zeiten erzeugen soll, vermissen. Der in Abschn. 2.2 beschriebene wichtige soziokulturelle Aspekt ist hingegen nur in dem Modell von Kapferer aufgeführt, nicht aber bei Esch (2017). Adaptionen bekannter Markenmodelle sollten also situativ vorgenommen werden, damit sie den Anforderungen der heutigen Zeit gerecht werden.

Nachdem nun die Kundenerfahrungen, Mission und Vision sowie das Markenmodell definiert sind, soll zu ihrer Realisation die **Kundenstragie** (äußerster Ring in Abb. 3.1) abgeleitet werden. Damit die in der Kundenstrategie zu definierenden Maßnahmen so effizient und effektiv wie möglich auf ihre Realisation einzahlen, gilt es zunächst konkrete Markt- bzw. Kundenziele zu definieren. Präzise definiert nach dem Schema „Was (z. B. NPS-Wert) soll bis wann (z. B. Juni 2021) in Bezug auf was (z. B. Land Deutschland) in welcher Höhe (z. B. NPS-Wert von >60) bei wem (z. B. Millenials) erreicht werden?" beinhalten Ziele nach Bruhn (2018) folgende wichtige Funktionen:

- **Steuerungsfunktion:** Die Planung von Maßnahmen kann sich an den definierten Zielen orientieren
- **Koordinationsfunktion:** Ziele vereinfachen die Verständigung zwischen verschiedenen Unternehmenseinheiten und Personen
- **Kontrollfunktion:** Ziele bilden die Grundlage für die Bewertung der durchgeführten Maßnahmen
- **Motivationsfunktion:** Ziele geben Orientierung und Sinn. Ohne Ziele gibt es keinen Erfolg.

Nun ließe sich einwenden: „Diese Funktionen bietet doch auch die Unternehmens-DNA!" Der Unterschied zwischen der Unternehmens-DNA und den strategischen Zielen liegt in dem Grad der Abstraktion bzw. Spezifität. Zwar ermöglicht die Vision von Apple (2019) – „We believe that we are on the face of the earth to make great products and that's not changing" – alle oben genannten vier Funktionen, doch ist sie nicht ausreichend spezifisch, damit ein Apple-Manager *konkrete* Ziele und Maßnahmen für Monat x in Land y im Hinblick auf Zielgruppe z ableiten kann. Positiv gesagt bietet ein höherer Spezifitätsgrad in Form von konkreten strategischen Markt- und Kundenzielen den Mitarbeitern viel häufiger die Gelegenheit, konkrete Erfolgserlebnisse zu feiern.

Ein im Kontext des Customer-Experience-Frameworks sehr geeignetes Modell zur Strukturierung unterschiedlicher Markt- und Kundenziele ist das Stimulus-Organismus-Response-Modell, welches in Abb. 3.5 mit Hilfe exem-

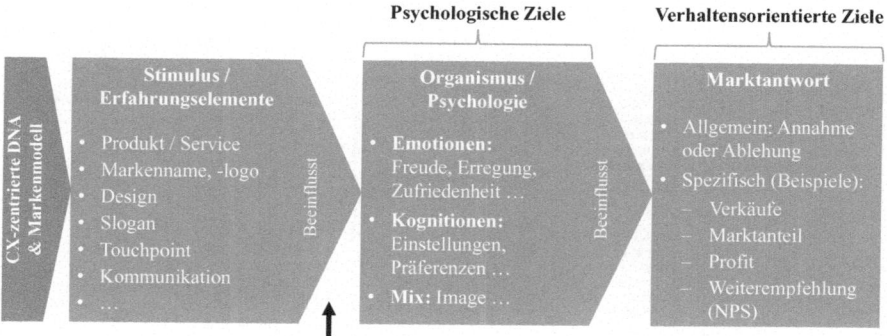

Abb. 3.5 Stimulus-Organismus-Response-Modell zur Strukturierung von Zielen. (Quelle: Eigene Darstellung in Anlehnung an Bruhn (2018, S. 36))

plarischer kundenspezifischer Stimuli, psychologischer Konstrukte (Organismus) und Marktvariablen (Response) dargestellt ist.

Dieses Modell beinhaltet zwei Zielebenen, die von einem oder mehreren Unternehmensstimuli – bzw. in unserem Kontext: *Erfahrungselementen* – adressiert werden sollen: eine psychologische und eine verhaltensorientierte Zielebene. Der starke Fokus auf die Konsumentenpsychologie, welche dem beobachtbaren Konsumentenverhalten stets vorgelagert ist, ist der zentrale Vorteil dieses Modells. Es fragt somit explizit nach kundenrelevanten Emotionen und Gedanken bzw. *Kundenerfahrungen*, die aus Unternehmenssicht angestrebt werden sollen. Es visualisiert zudem den bereits in Abschn. 1.1 beschriebenen *mittelbaren* Einfluss der Kundenerfahrung auf den Kundenerfolg bzw. die Weiterempfehlungsrate (NPS).

Da die *konkreten psychologischen* Erfahrungen, die ein Kunde mit dem Unternehmen macht, nicht immer einfach messbar sind – hier wären z. B. aufwändige qualitative und neurowissenschaftliche Studien erforderlich –, wird in der Unternehmenspraxis neben der Messung der Verkaufszahlen oder des Marktanteils immer häufiger der *NPS-Wert als „nächster Verwandter" der Customer Experience* herangezogen. Um den NPS-Wert zu ermiteln wird den Kunden des Unternehmens folgende, laut Reichheld (2003) ultimative Frage gestellt: [Auf einer Skala von 0 bis 10] „Wie wahrscheinlich ist es, dass Sie unsere Firma/unser Produkt/unsere Dienstleistung/unsere Marke an Ihre Freunde und Kollegen weiterempfehlen?" Der NPS-Wert ergibt sich dann aus der Subtraktion des Anteils der Promotoren (diejenigen, die mit 9 oder 10 geantwortet haben) und des Anteils der Detraktoren (diejenigen, die mit 0 bis 6 geantwortet haben). Aufgrund der sehr einfachen Handhabbarkeit und der

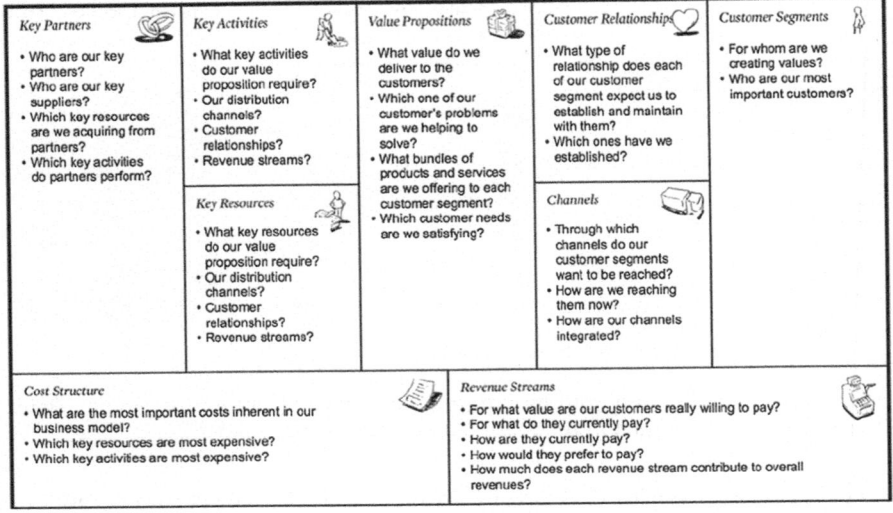

Abb. 3.6 Business Model Canvas. (Quelle: Osterwalder und Pigneur (2010))

zielführenden inhaltlichen Prägnanz, wird diese Methode heute sehr häufig verwendet, so dass eine hohe Vergleichbarkeit mit anderen Unternehmen der gleichen oder anderen Branche gegeben ist – was wiederum zur Beliebtheit der Methode weiter beigetragen hat.

Im zweiten Teil der Kundenstrategie geht es um den strategischen Marktangang, der die Erfüllung der Markt- und Kundenziele sicherstellen soll. Das Business Modell Canvas ist eine sehr gute Möglichkeit, die relevanten Aspekte einer Kundenstrategie herauszuarbeiten und zusammenzufassen (vgl. Abb. 3.6). Aufgrund seiner einfachen Verständlichkeit soll hier auf dieses Modell nicht weiter eingegangen bzw. lediglich auf die relevante Literatur von Osterwalder und Pigneur (2010) sowie die ergänzten Inhalte bzw. Fragen in Abb. 3.6 verwiesen werden. Das folgende Kapitel wird Teile des Modells aufgreifen.

3.3 Design kundenerfahrungszentrierter Angebote bzw. Erfahrungselemente (Wie genau?)

Nachdem die Unternehmens-DNA sowie die Marke und Kundenstrategie auf Basis der angestrebten Erfahrungen, die ein Kunden in seiner Interaktion mit dem Unternehmen erleben soll, entwickelt wurden, ist das Unternehmen

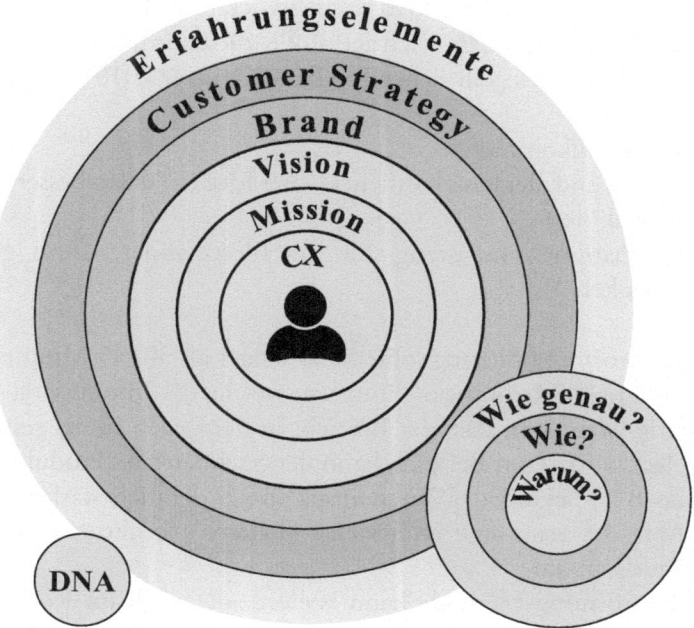

Abb. 3.7 Kreismodell zur Adressierung der „Wie genau?"-Frage. (Quelle: Eigene Darstellung)

nun gut gerüstet, die Erfahrungselemente (Produkte, Services, Touchpoints etc.) zu designen, die der Kunde konkret im Markt wahrnimmt (vgl. Abb. 3.7). Diese Elemente stellen letztlich das konkrete *Potenzial* zum Entstehen der angestrebten Kundenerfahrungen dar, die den Kunden zum Erst- und Folgekäufer sowie möglichst zum Fan des Unternehmens machen sollen.

Im Kontext von Innovationsprozessen wie dem Designen neuer Unternehmensleistungen bzw. Erfahrungselemente sollten stets Kreativitätstechniken verwendet werden. Zwei dieser Techniken – das Brainstorming und der Design-Thinking-Ansatz – werden im Folgenden vorgestellt. Das **Brainstorming** stellt wohl die bekannteste (klassische) Kreativitätsmethode dar. Dies auch aufgrund ihrer hohen Anwendungsbreite in der Unternehmenspraxis, da sie sowohl in der Produkt- und Serviceentwicklung, als auch z. B. beim Design von Geschäftsmodellen, Touchpoints und Kommunikationsmaßnahmen verwendet werden kann. Die Grundidee von Brainstorming besteht darin, innerhalb einer Gruppe ausgewählter Experten durch lautes Denken so viele Ideen wie möglich zuzulassen (Osborn 1963; Vahs und Brem 2015). Die Gruppengröße sollte zwischen 5 und 8 Personen liegen und die Personen sollten aus möglichst unterschiedlichen Bereichen kommen (z. B. Marketing,

Vertrieb, Service, Innovation, Geschäftsentwicklung, IT). Dem Moderator kommt dabei eine besonders wichtige Rolle zu, denn er hat vor allem folgende Brainstorming-Regeln sicherzustellen (Kreutzer 2019):

- Jede Idee ist willkommen
- Je impulsiver und „leidenschaftlicher" eine Idee ist, desto besser
- Kritik ist verboten
- Freie Assoziationen in Bezug auf die Ideen anderer sind gewünscht („Weiterdenken")

Eine Brainstorming-Sitzung sollte nicht länger als 30–45 Minuten sein, da sonst Ermüdungserscheinungen eintreten, welche die Impulsivität unterbinden. Wichtig ist zudem, dass der Bereich, in dem nach Ideen gesucht wird, klar festgelegt wird. Zum Beispiel, kann der Suchbereich „Produktinnovationen für das B2C-Segment in Westeuropa" noch deutlich stärker abgegrenzt werden. Abb. 3.8 zeigt eine (von vielen weiteren) Strukturierungsmöglichkeiten beispielhaft auf.

Die Brainstorming-Methode kann isoliert oder auch im Kontext des im Sinne des Innovations*prozesses* ganzheitlicheren **Design-Thinking**-Ansatzes zum Einsatz kommen. Die Ganzheitlichkeit des Design-Thinking-Ansatzes liegt u. a. darin begründet, dass in diesem nicht nur ein expliziter Prozessschritt für die originäre *Ideengenerierung* vorgesehen ist (vgl. Ideation-Phase in Abb. 3.9), in welchem die Brainstorming-Methode integriert werden könnte. Vielmehr wird zuvor in der „Define-Phase" die *Problemstellung* intensiv anhand der auf ein *tiefes Kundenverständnis* ausgerichteten „Empathize-Phase"

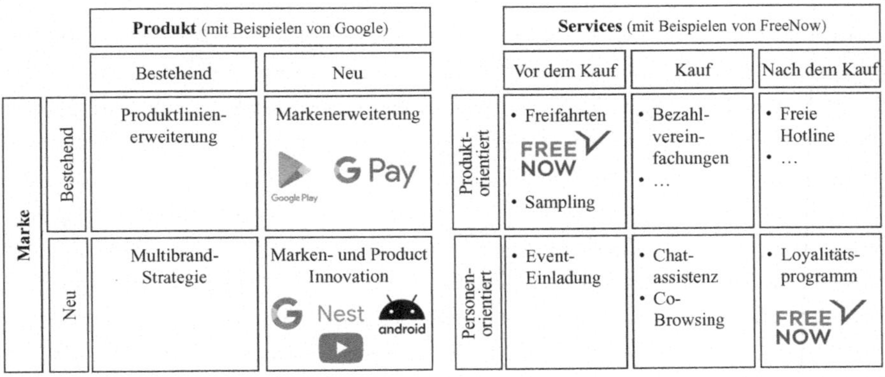

Abb. 3.8 Beispielhafte Strukturierungsmöglichkeit für ein Produkt- bzw. Service-Brainstorming. (Quelle: adaptiert von Kreutzer und Land 2017, S. 57)

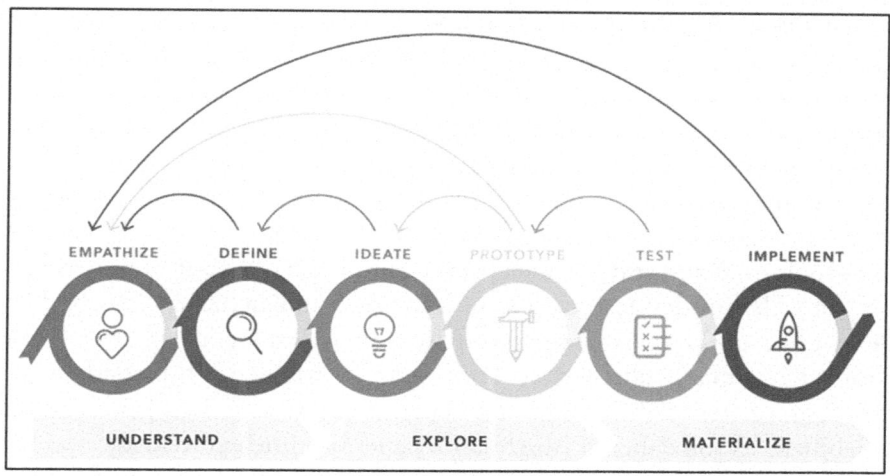

Abb. 3.9 Design-Thinking-Ansatz. (Quelle: Nielsen Norman Group 2016)

abgeleitet. Ebenso sind Prozessschritte für das schnelle Entwickeln („Prototyping"), frühzeitige Testen („Testing") und Implementieren („Implementation") der Lösung explizit vorgesehen. Wie bei der Brainstorming-Methode können diese Lösungen sehr vielfältig sein.

Die Ganzheitlichkeit des Design-Thinking-Ansatzes ist nicht auf die Prozesssicht beschränkt. Vielmehr sind es die drei Grundprinzipien Prozess, Raum und Team, welche die Ganzheitlichkeit und Beliebtheit des Ansatzes in der aktuellen Unternehmenspraxis bedingen. So sollen *„Menschen unterschiedlicher Disziplinen* [Team] in einem die *Kreativität fördernden Umfeld* [Raum] zusammenarbeiten, gemeinsam eine *Fragestellung entwickeln, die Bedürfnisse und Motivationen von Menschen berücksichtigen und dann Konzepte entwickeln, die mehrfach geprüft werden* [Prozess]" (M.I.T. 2018). Im Speziellen lassen sich folgende Punkte für die Beliebtheit anführen:

Der Design-Thinking-Ansatz

- vereint eine hohe Kundenorientierung (z. B. mit Hilfe der Empathize- und Test-Phase oder den interdisziplinär besetzten Teams) mit unternehmerischer Zielfokussierung (z. B. mit Hilfe der Define- und Prototype-Phase)
- stellt durch Iterationen bzw. das wiederkehrende Durchlaufen verschiedener Arbeitsschritte sicher, dass neue Erkenntnisse späterer Phasen in vorherigen Phasen integriert und genutzt werden
- beinhaltet eine Philosophie des „Fail, but fail fast!", welche das experimentelle Innovieren mit hoher Geschwindigkeit fördert

Der Design-Thinking-Ansatz erlaubt die Integration unterschiedlicher Tools in den einzelnen Prozessschritten, z. B. die in den Kap. 2 bis 4 beschriebenen Tools (was natürlich nicht verwundert, da sich das Customer-Experience-Framework am Design-Thinking-Ansatz orientiert). Als ein Beispiel sei die Empathy Map genannt, die schon qua ihres Namens hervorragend in der Empathy-Phase geeignet ist. Da die Phase des Prototyping in diesem Buch zu kurz kommt, sei Abb. 3.10 eingefügt, welche beispielhafte Prototyping-Tools im Kontext des Entwickelns einer mobilen Website aufzeigt. Prototypen sollen in der Testphase erste frühe und annähernd realistische Einblicke ohne die Verschwendung von Ressourcen ermöglichen. Das Testen kann auch anhand alternativer Prototypen stattfinden. Insbesondere das A/B-Testen erfreut sich vor allem im digitalen Raum seit vielen Jahren großer Beliebtheit. Es soll daher in Abschn. 4.2 näher beschrieben werden.

Während der Design-Thinking-Ansatz und die Brainstorming-Methode allgemeine *Vorgehens*modelle auf dem Weg zu neuen Erfahrungselementen darstellen, sollen nun zwei Tools (Design-Template von Rossman und Duerden (2019) sowie mein Plattform-Framework beleuchtet werden, welche konkrete *inhaltliche* Aspekte der Erfahrungselemente in den Fokus rücken – im Speziellen von *Kundentouchpoints*. Das **Design-Template von Rossmann und Duerden (2019)** ist für das Designen von digitalen und nicht-digitalen Kundentouchpoints ausgelegt (vgl. Abb. 3.11). Es enthält diejenigen inhaltlichen Aspekte von Kundentouchpoints, welche zur Ermöglichung einer bestmöglichen Kundenerfahrung auszuarbeiten sind.

| Sketch | Wireframe | Prototype | Development |

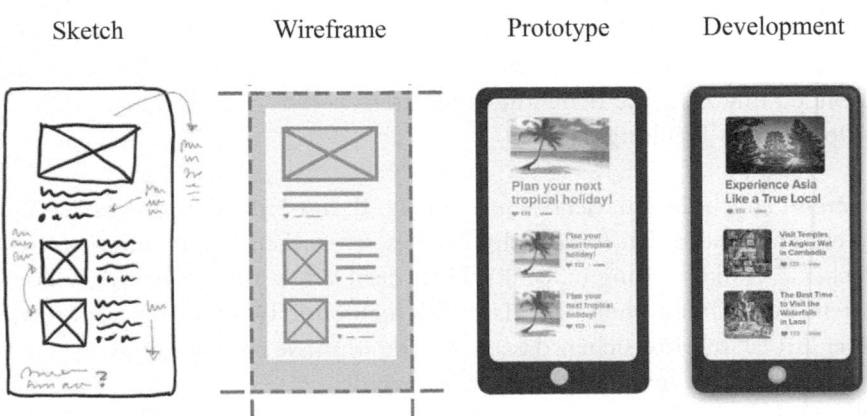

Abb. 3.10 Beispielhafte Methoden des Prototypings im Kontext des Erstellens einer Website. (Quelle: eigene Darstellung)

Die in Abb. 3.8 nummerierten und anhand des beispielhaften Touchpoints der Online-Bezahlung exemplarisch befüllten Aspekte repräsentieren dabei die zeitliche Reihenfolge, in der die Aspekte auszuarbeiten sind. So sollen zunächst die gewünschten Resultate und Erfahrungen erfasst werden, welche der Kunde bei der Interaktion mit den Touchpointelementen erfährt. Die Touchpointelemente selbst sind in Schritt 2 auszuarbeiten, die konkrete Interaktion mit ihnen in Schritt 3. Im 4. Schritt sollen diejenigen Mittel und Personen erfasst werden, welche die in Schritt 1 genannten Resultate möglich machen. Schritt 5 zahlt auf das in vielerlei Hinsicht zunehmend wichtige Konzept des Customer Engagement (Brodie et al. 2011) ein, indem explizit beschrieben werden soll, in welcher Form Kunden Co-Kreatoren bei der Entwicklung und Optimierung von Erfahrungselementen sein können. Schritt 6 im Design-Template bringt den Anwender zu dem Template des nächsten Touchpoints – in diesem Fall zur nächsten Webseite. Die Verkettung nacheinander vom Kunden im Kontext eines Kaufvorgangs individuell genutzter Touchpoints ergibt die Customer Journey (vgl. Abschn. 2.1). Diese Verkettung ermöglicht die *Orchestrierung* von Erfahrungselementen.

Insbesondere bei „pure-digital" Unternehmen wie Uber oder Netflix, befinden sich sehr viele oder gar alle Touchpoints einer Customer Journey auf einer einzelnen **digitalen Plattform**. So geschieht bei Uber nicht nur die Suche nach einer Mobilitätsleistung, sondern auch die Auswahl, der Erwerb und der Service auf einer einzelnen Plattform – der Uber-App. Lediglich die

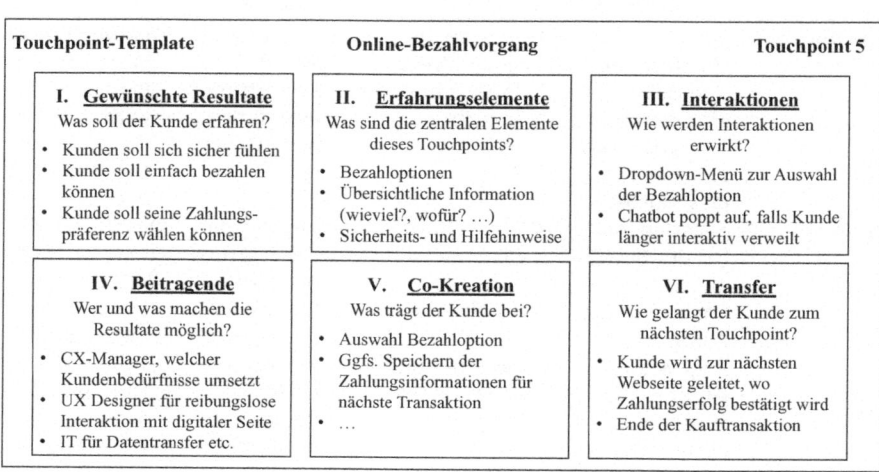

Abb. 3.11 Design-Template für Kundentouchpoints. (Quelle: adaptiert von Rossmann und Duerden 2019)

Mobilitätsleistung selbst erfolgt offline. Im Fall von Netflix erfolgt auch die Leistungserbringung (das Streamen des Films) online.

In dieser app- bzw. plattformbasierten Ökonomie sollte sich jedes Unternehmen fragen, ob es nicht eine eigene Plattform zur „Bündelung" der Touchpoints benötigt. Die Zahlen sprechen eine eindeutige Sprache: Laut McKinsey (2017) verfügen Unternehmen *mit* digitaler Plattform über ein durchschnittliches Umsatzwachstum von 5,52 %, während Unternehmen *ohne* digitale Plattform im Schnitt 1,92 % *weniger* Umsatz verzeichnen als im Vorjahr. Beim Profit sieht es ähnlich aus. Hier wachsen die Plattformunternehmen um 4,84 %, während der Profit der Unternehmen, die keine digitale Plattform anbieten, um 1,44 % schrumpft. Diese quantitativen Zahlen lassen sich mit den in Tab. 3.1 zusammengefassten qualitativen Vorteilen digitaler Plattformen begründen.

Die quantitativen und qualitativen Vorteile einer digitalen Plattform werden die Frage, *ob* eine digitale Plattform angeboten werden sollte, oftmals positiv beantworten. In dem Fall stellt sich die Frage des *Wie?* bzw. *Was?*, die bei der Entwicklung einer digitalen Plattform grundsätzlich beachtet werden sollte. Das Plattform-Framework in Abb. 3.12 soll bei dieser Frage unterstützen. Die hier gezeigten Plattform-Elemente gelten für unterschiedliche Arten

Tab. 3.1 Vorteile digitaler Plattformen

	1. Plattformen skalieren besser	2. Plattformen schaffen neue Mehrwerte	3. Plattformen nutzen datenbasiertes Feedback	4. Plattformen invertieren die Firma
Erläuterung	Digitale Plattformen sind der effizientere Vermittler (als z. B. das Reisebüro).	Plattformen nutzen freie Kapazitäten, die sie nicht besitzen.	User-Feedback macht zukünftige Interaktionen effizienter.	Der wichtigste Wert einer Plattform wird durch die Gemeinschaft erzeugt.
Beispiel	Ein Verlag war bei der Buchbegutachtung immer auf die Editoren angewiesen. Amazon stattdessen veröffentlicht jedes Buch – die Crowd macht die Qualitätsprüfung.	Wenn Hilton wachsen will, muss es teure Hotels bauen und diese modern halten. AirBnB muss lediglich weitere Wohnungseigentümer erreichen.	Bewertungen auf YouTube oder AirBnB, Wikipedia schlägt die Kuratoren der Enzyklopädie Britanica.	Das Unternehmen ist eher der Orchestrator und Ökosystem-Administrator; sein Schwerpunkt ist extern für Marketing, Produktion.

Quelle: adaptiert von Parker et al. (2016)

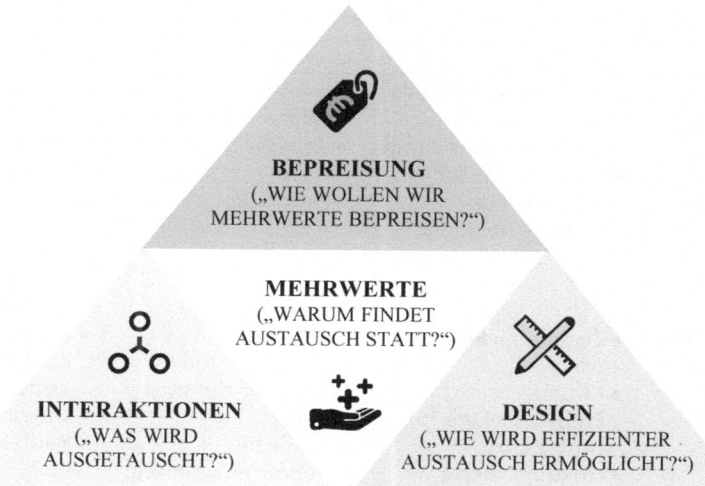

Abb. 3.12 Framework zur Entwicklung einer digitalen Plattform. (Quelle: Eigene Darstellung)

digitaler Plattformen – von einer anbieterseitigen App mit E-Commerce-Funktion (z. B. H&M) bis zur Plattform, die als unabhängiger Mittler weltweit Angebot und Nachfrage in einem bestimmten Segment aggregiert und ausbalanciert (z. B. AirBnB).

Das Plattform-Framework enthält die Elemente Kunden-Mehrwerte, Bepreisung, Interaktionsobjekte und Designelemente. Zuerst sollten die **Kunden-Mehrwerte** herausgearbeitet werden, da sie alle anderen Framework-Elemente beeinflussen. Dabei ist zunächst die Frage zu stellen, wer der Kunde überhaupt ist. Im Falle eines neutralen Aggregators von Angebot und Nachfrage (z. B. AirBnB) gibt es *zwei* Typen von Kunden bzw. Parteien: den Konsumenten sowie den Produzenten. Der Produzent ist derjenige, der das Angebot einstellt. Im Fall von AirBnB also der Wohnungseigentümer, der seine Wohnung anbietet. Für beide Partein müssen mehrwerthaltige Leistungen offeriert werden, damit sie die Plattform nutzen und für ausgewählte Leistungen bezahlen. Tab. 3.2 zeigt beispielhaft, welche Mehrwerte die Plattform-Unternehmen AirBnB, Uber und Amazon Produzenten und Konsumenten bieten.

Die **Bepreisung** muss berücksichtigen, dass die Kunden-Mehrwerte so wenig wie möglich reduziert werden, damit sich ein über die Menge definierter Netzwerkeffekt einstellt. Die Wahl der zu bepreisenden Mehrwerte ist also sehr sorgsam zu überlegen. Die zwei klassischen Optionen der Bepreisung sind:

Tab. 3.2 Beispielhafte Mehrwerte für Konsumenten und Produzenten

	1. AirBnB	2. Uber	3. Amazon
Mehrwerte für Konsumenten	• Filter bieten schnelle Auffindbarkeit passender Unterkünfte • Nutzerbewertungen helfen bei der Mietenscheidung	• Infos zu verfügbaren Fahrten und Fahrern • Anzeige geschätzter Preise und Fahrtdauer	• Umfangreiches und einfach verfügbares Sortiment • Schnelle Lieferung und Transparenz bzgl. des Lieferstatus
Mehrwerte für Produzenten	• Zugang zu Reisenden weltweit • KI-basierte Preisvorschläge für die Unterkunft • Unkomplizierte Buchungsabwicklung	• Zugang zu Konsumenten in einer bestimmten Stadt • Einfache Fahrerregistrierung • Einfache Transaktionen • Gute Planbarkeit durch Buchungen im Voraus	• Zugang zu Käufern weltweit • Unkomplizierte Kaufabwicklung
Mehrwerte für beide	• Kurationssystem, welches die richtigen Kunden mit den richtigen Produzenten schnell und einfach verbindet	• Pauschale Autoversicherung	• Kundenbewertungen helfen den Kunden und den Produzenten

Quelle: Eigene Darstellung – inspiriert von Parker et al. (2016)

- Bepreisung von *Transaktionen*: Zum Beispiel, Bepreisung, wenn eine Uber-Fahrt zustande kommt
- Bepreisung des *pauschalen Zugangs* zu Kern-Usern oder besonders relevanten Leistungen: Zum Beispiel, ermöglicht Premiumangebot von Spotify u. a. werbefreies Musikstreaming, Amazon Prime ermöglicht u. a. versandkostenfreie Lieferungen

Interaktionsobjekte stellen die zentralen Steuerungsinstrumente zur Mehrwertgenerierung auf der Plattform dar. Grundsätzlich lässt sich zwischen Währungs-, Informations- und Produkt-/Serviceobjekten unterscheiden, die *jeweils* auf einer Plattform eingesetzt bzw. ausgetauscht werden.

- *Währungsobjekte* können monetärer und nicht-monetärer Art sein. Nicht-monetäre Währungen sind beispielsweise Likes oder schriftliche Kundenbewertungen. Beide Formen können den Zugang zu den Plattformangeboten in Form von Produkten und Services ermöglichen.

- (Relevante) *Informationen* sind erforderlich, um das effektive Matching von Anbieter und Nachfrager zu ermöglichen. Im übergeordneten Sinne stellen sie die weiter unten zu beschreibenden Designelemente dar. Beispiele für relevante Informationen sind die angezeigten Fahrerinformationen bei Uber oder die Suchergebnisse bei Google oder Ebay.
- Das Resultat des Informationsaustauschs ist der Austausch von *Produkten und Services* bzw. Werteinheiten. Dieser Austausch kann auf der Plattform (z. B. Facebook, YouTube) oder abseits der Plattform (z. B. Uber, Ebay) stattfinden

Designelemente sind für einen effizienten Austausch der Interaktionsobjekte relevant. Hier lassen sich drei Elemente unterscheiden:

- *Filter:* Filter wurden oben als technologischer Megatrends beschrieben. Sie ermöglichen die erfolgreiche Vernetzung der Plattformnutzer, indem sie auf effiziente Art und Weise die richtigen Produkte/Services auf die richtigen Konsumenten treffen lassen. Beispiele sind Preis-, Wohnungsgrößen- und Location-Filter bei AirBnB.
- *Feedback-Loop:* Das Feedback der User macht künftige Interaktionen effizienter. In diesem Sinne sind Bewertungen auf YouTube und AirBnB oder auch das Korrektursystem von Wikipedia zu sehen. Letzteres schlägt die Kuratoren der Enzyklopädie Britannica.
- *Barrierereduktion:* Plattformanbieter stellen eine Infrastruktur bereit, um die Mehrwertgenerierung zu vereinfachen. Beispielsweise bieten sie Möglichkeiten zur Kollaboration (z. B. Austauschen von Nachrichten bei AirBnB) oder der Reduktion von Transaktionskosten durch pauschale Produktversicherungen (wie z. B. beim Carsharing)

Aus den Ausführungen zum Plattform-Framework geht hervor, dass sich eine Plattform (und auch ein einzelner Touchpoint) nicht von den *Prozessen* trennen lässt, die auf ihr laufen. So stellt z. B. ein Preisfilter ein statisches Element dar, um dem Kunden personalisierte Angebote auf dynamische Weise zu offerieren. Geht er auf eins dieser Angebote ein, ist ein Kaufprozess zustande gekommen. Dieser Kaufprozess kann in noch effizienterer und effektiverer Form ablaufen, wenn die Plattform unabhängig von Filtereinstellungen *proaktiv Userdaten-basierte Empfehlungen automatisiert* anbietet. Ein solcher „smarter" bzw. auf Künstlicher Intelligenz (KI) basierender Prozess stellt eine sehr gute Basis zum Entstehen positiver Kundenerfahrungen dar, so dass er

VERTRIEB IN DER VORKAUF-PHASE

- Chatbots und Personal Assistants können individuell beraten und verkaufen (Conversational Commerce)
- Empfehlungssystem schlägt individuell Produkte vor
- Dynamic Pricing: Jeder erhält individuellen Preis
- Qualifikation von Leads und Weiterleitung an effizienteste Vertriebskanäle

VERTRIEB IN DER CROSS- & UPSELL-PHASE

- Für Kundenindividuelle und automatisierte Next-best Offer (NBOs) wird maschinell berechneter Kundenwert verwendet
- Ebenso sind die Kaufanreize individualisiert und automatisiert (z. B. passende Felgen werden am Fahrzeug gezeigt)

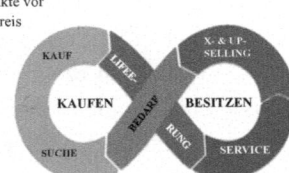

MARKETING IN DER VORKAUF-PHASE

- Generierung von Leads z. B. durch das automatische Erstellen, Personalisieren und Versenden von Mails
- Generierung von Echtzeit-Insights und automatisierte Echtzeit-Reaktion
- Die Medienplanung ist optimiert (z. B. durch Attribution Modelling)

SERVICE IN DER NACHKAUF-PHASE

- Servicebot kann vielfältige Kundenanliegen beantworten, da er NLU, NLP, NLG beherrscht und an alle relevanten Systeme angeschlossen ist
- Sentiment Analyse, um Kundenzufriedenheit gut und günstig zu erheben
- Kündigerprävention: Automatisierte Berechnung des Churn-Scores und automatisierte Reaktion

Abb. 3.13 Prozess- und KI-basierte Empfehlungselemente entlang der Customer Journey. (Quelle: Eigene Darstellung)

ein äußerst geeignetes Erfahrungselement repräsentiert. Solche *prozessbasierten* Erfahrungselemente können vielfältiger Natur sein. Die Customer Journey stellt ein geeignetes Instrument dar, prozessbasierte Erfahrungselemente zu strukturieren. Abb. 3.13 führt solche Kundenprozesse auf, welche Komponenten von KI beinhalten. Der Fokus soll auf KI-basierten Prozessen liegen, da wie eben anhand des Empfehlungsprozesses und zuvor in Abschn. 2.3 beschrieben, KI eine hervorragende Möglichkeit bietet, Erfahrungselemente enorm zu optimieren oder gar zu erneuern und sich somit vom Wettbewerb zu differenzieren.

Wenn nun die in diesem Abschnitt beschriebenen Erfahrungselemente konzipiert und in Form von **Prototypen** definiert sind, gilt es, diese intern und extern zu **testen**. Feedback sollte insbesondere vom Kunden – und zwar vor allem hinsichtlich seiner (antizipierten) Kundenerfahrungen – frühzeitig eingeholt werden. Von den in Abschn. 2.1 genannten Datenerhebungsverfahren eignen sich in diesem Kontext insbesondere *qualitative* Verfahren wie z. B. Tiefeninterviews oder Fokusgruppen. Ein stärker *quantitativ* ausgerichtetes Kundenfeedbackverfahren, welches sich besonders (aber nicht nur) für *kommunikative* Erfahrungselemente wie z. B. bestimmte Informationsangebote eignet, stellt das A/B-Verfahren dar. Es soll daher in Kap. 4 im Kontext digitaler Marketingkommunikation näher beleuchtet werden.

Literatur

Zeitschriften-/Zeitungsartikel

Brodie, R.J., Hollebeek, L.D., Juric, B., Ilic, A.: Customer engagement: conceptual domain, fundamental propositions, and implications for research. J. Serv. Res. **00**, 1–20 (2011)

Reichheld, F.F.: The number one you need to grow. Harv. Bus. Rev. **12**, 47–54 (2003)

Buch

Bruhn, M.: Kommunikationspolitik: Systematischer Einsatz der Kommunikation für Unternehmen. Vahlen, München (2018)

Clatworthy, S.: Experience-Centric Organization – How to Win Through Customer Experience. O'Reilly, London (2019)

Esch, F.-R.: Strategie und Technik der Markenführung. Vahlen, München (2017)

Kapferer, J.N.: The New Strategic Brand Management: Advanced Insights and Strategic Thinking. Kogan Page, London (2012)

Kreutzer, R.: Toolbox for Marketing and Management. Springer, London (2019)

Kreutzer, R., Land, K.-H.: Digitale Markenführung: Digital Branding im Zeitalter des digitalen Darwinismus. Springer Gabler, Wiesbaden (2017)

Osborn, A.: Applied Imagination. Charles Scribner's Son, New York (1963)

Osterwalder, A., Pigneur, Y.: Business Model Generation. Wiley, Hoboken (2010)

Parker, G.G., van Alstyne, M.W., Choudar, S.P.: Platform Revolution: How Networked Markets Are Transforming the Economy – and How to Make Them Work for You. Norton & Company, New York (2016)

Rossman, J.R., Duerden, M.D.: Designing Customer Experiences. Columbia University Press, New York/Chichester (2019)

Vahs, D., Brem, A.: Innovation management. Von der Produktidee zur erfolgreichen Vermarktung. Schäffer-Poeschel, Stuttgart (2015)

Internetquellen

Apple: Apple Mission and Vision Statement (23.05.2019). https://mission-statement.com/apple/. Zugegriffen am 06.05.2020

Facebook: Facebook (2020), Facebook homepage. https://about.fb.com/company-info/. Zugegriffen am 25.04.2020

M.I.T. World: Innovation Through Design Thinking, Video des Vortrages von Tim Brown am Massachusetts Institute of Technology (04.12.2018). https://techtv.mit.edu/videos/16098-innovation-through-design-thinking. Zugegriffen am 02.05.2020

McKinsey: New Evidence for the Power of Digital Platforms (August 2017), McKinsey Quarterly. https://www.mckinsey.com/business-functions/mckinsey-digital/our-insights/new-evidence-for-the-power-of-digital-platforms. Zugegriffen am 15.04.2020

Nielsen Norman Group: Design Thinking 101 (31.06.2016). https://www.nngroup.com/articles/design-thinking/. Zugegriffen am 20.05.2020

Sinek, S.: Wie große Führungspersönlichkeiten zum Handeln inspirieren (September 2009). https://www.ted.com/talks/simon_sinek_how_great_leaders_inspire_action?language=de. Zugegriffen am 05.05.2020

4

Inside-Out: Implementierung und Kommunikation kundenerfahrungszentrierter Angebote bzw. Erfahrungselemente

Zusammenfassung Der letzte Schritt zur Schaffung hoher Customer Experiences stellt die Implementierung und Kommunikation entwickelter Erfahrungselemente dar. Im letzten Kapitel dieses Buches soll der Fokus auf der Ausgestaltung der die Implementierung der Erfahrungselemente *begleitenden* digitalen Marketingkommunikation (Abschn. 4.1) inklusive dem A/B-Testing der digitalen Marketingkommunikation (Abschn. 4.2) liegen.

4.1 Digitale Marketingkommunikation

Die enwickelten Erfahrungselemente (vgl. Kap. 3) gilt es in einem letzten Schritt im Markt bzw. an den Kundentouchpoints zu implementieren. Das Implementieren der Elemente sollte im Sinne eines *Orchestrierens* erfolgen, da es auf Konsistenz (z. B. gleicher Look & Feel, gleiche Informationen) und Koordination (z. B. Nutzung von Synergien, Ermöglichung von Interaktionen unterschiedlicher Intensität) bzw. Touchpoint-*Harmonie* ankommt. Beispielsweise kann und sollte nicht jeder Touchpoint emotionale, entdeckende oder gar tranformierende Erfahrungen „bereithalten"; vielmehr werden die meisten Erfahrungen prosaischer und kognitiver Natur sein – wie in einem Konzert, in dem es intensivere und entspannendere Phasen gibt.

Damit es aus Kundensicht überhaupt erst zu einem solchen „Konzert" bzw. zu solch „harmonierenden" Kundenerfahrungen kommen kann, müssen die einzelnen, an den Touchpoints verfügbaren Erfahrungselemente zunächst (positiv) *wahrgenommen* werden. Denn erst wenn der Kunde auf die Markt-

T. Suwelack, *Toolbox Customer Experience*, https://doi.org/10.1007/978-3-658-30698-4_4

leistungen bzw. Erfahrungsselemente aufmerksam wird und mit ihnen inter-
agiert, können sich bestimmte gewünschte Kundenerfahrungen einstellen.
Dies ist vor allem die Aufgabe der *Marketingkommunikation* des Unterneh-
mens, welche in diesem Abschnitt überblicksmäßig beschrieben werden soll.
Dabei ist zu berücksichtigen, dass die Kommunikation eine Doppelfunktion
hat: Neben dem *Promoten* der Produkte, Services und Touchpoints bzw. der
Unterstützung bei deren Implementierung zur *Ermöglichung des Entstehens von
Kundenerfahrungen im Kontext genau dieser Erfahrungselemente* stellt die Kommunikation *selbst* ein *Erfahrungselement* dar, da sie *ebenso* das Potenzial für das
Entstehen von Kundenerfahrungen darstellt. Man denke z. B. an Gueril-
la-Marketing-Maßnahmen, die einerseits auf ein Unternehmen oder ein Produkt aufmerksam machen sollen und spätere Kundenerfahrungen prägen
(vgl. Abb. 1.2 in Kap. 1, in der zwischen der Antizipations-, Interaktions- und
Reflektionsphase unterschieden wird), gleichzeitig aber *selbst* eine intensive
positive oder negative Erfahrung zur Folge haben können.

Aufgrund vielfältiger Neuheiten und Dynamiken im Kontext der Digitalisierung fokussiere ich in diesem Kapitel auf die *digitale* Marketingkommunikation. Dieser Kommunikationsform sollte in der heutigen, digitalen Zeit ein
besonderes Augenmerk beigemessen werden. Im Speziellen sollen in diesem
Kapitel drei bei der Konzeption und Implementierung *übergeordnete* Elemente digitaler Marketingkommunikation beleuchtet werden:

1) Ziele digitaler Kommunikation
2) digitaler Content zur Erreichung der Ziele und
3) Integration bzw. Orchestrieren der digitalen Kommunikation bzw. des digitalen Contents.

Um Zielkonflikte zwischen eizelnen Kommunikationsinstrumenten zu ver-
meiden und Synergiepotenziale sicherzustellen, sollten die **Ziele** digitaler Marketingkommunikation übergeordnet geplant werden. Hierbei kann das RA-
CE-Framework von Chaffey und Ellis-Chadwick (2018) hilfreich sein, welches
konkrete Kommunikationsziele anhand der einzelnen Customer-Journey-
Phasen sortiert, in welcher sie relevant sind (vgl. Abb. 4.1). Die für die Kommunikation verantwortlichen Manager können mit Hilfe dieses Frame-
works konkrete Instrumente und Maßnahmen definieren, welche auf die einzelnen Ziele bzw. Customer-Journey-Phasen einzahlen. Zum Beispiel werden
SEO, SEA sowie E-Mail- und Facebook-Kampagnen tendenziell in der Phase
Reach unterstützen können, während eine mit Onlineshop und Kundenfo-
rum ausgestattete Webseite in allen Phasen der Customer Journey Zielbeiträge
leisten kann.

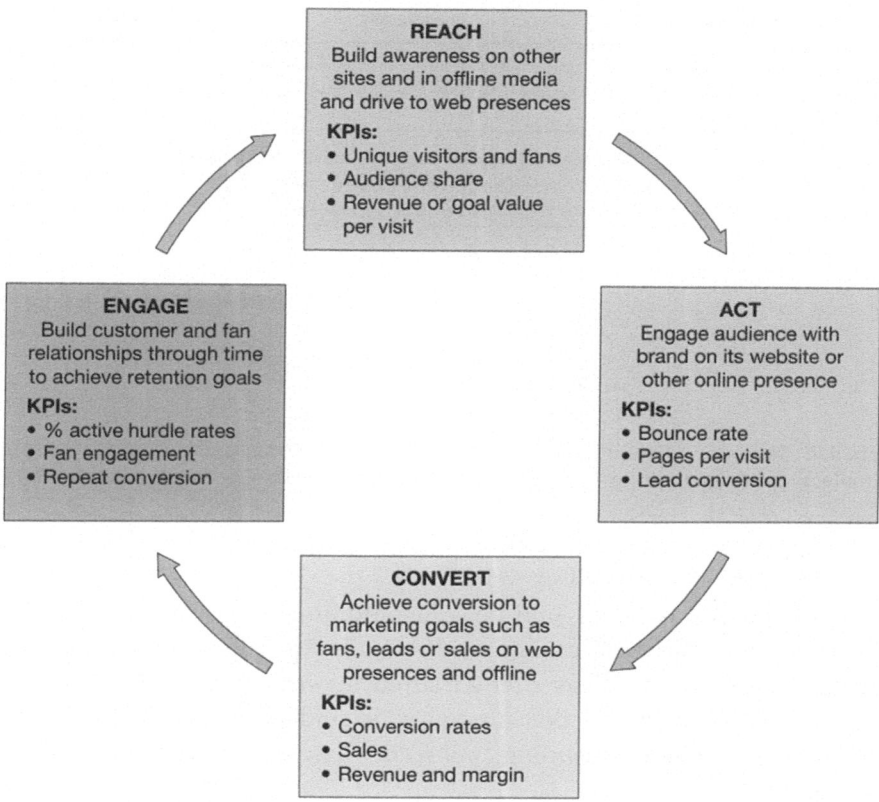

Abb. 4.1 RACE-Framework zur Definition und Klassifikation von Kommunikations-instrumenten. (Quelle: Chaffey und Ellis-Chadwick 2018)

Die in Abbildung 4.1 beispielhaft genannten Ziele bzw. KPIs lassen sich alternativ oder komplementär nach den Kriterien Volumen, Qualität und Wert differenzieren (vgl. Abb. 4.2). Die Unterscheidung nach diesen drei Kriterien ist vor allem im Hinblick auf die Beiträge der Ziele zum langfristigen Unternehmenserfolg relevant. Volumenziele sind nur bedingt relevant für den Unternehmenserfolg, da sie keine Aussagen zur Webseiten-Qualität oder zur wertmäßigen Conversion tätigen. Ein unzufriedener Website-User, der die Seite unmittelbar wieder verlässt, zahlt auf das Volumenziel ein, nicht aber auf höherwertige Ziele wie z. B. die Umsatz-Conversion. Hingegen können Qualitätsziele wie z. B. eine geringe Bounce-Rate sowie eine hohe Verweildauer stärker dazu beitragen, dass unmittelbar umsatzrelevante Aktionen (z. B. Conversion im E-Commerce-Shop) oder mittelbar umsatzrelevante Aktionen

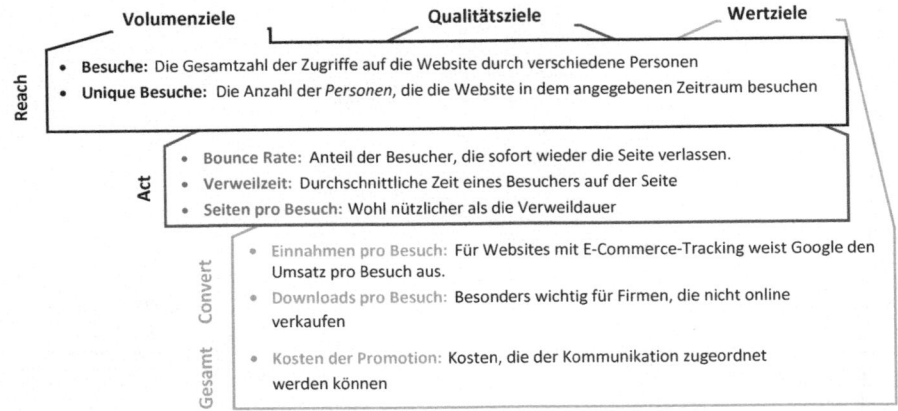

Abb. 4.2 Volumen-, Qualitäts- und Wertziele digitaler Kommunikationsinstrumente. (Quelle: Eigene Darstellung – inspiriert von Chaffey und Ellis-Chadwick 2018, S. 157)

(z. B. App-Download, positive digitale Kundenbewertung, Engagement) auf einer digitalen Seite ausgeführt werden.

Eine kurze Beschreibung und Phaseneinordnung ausgewählter Volumen-, Qualitäts- und Wertziele erfolgt in Abb. 4.2. Aus dieser Abbildung geht zudem hervor, welche dieser drei Zielarten in welcher der vier Customer-Journey-Phasen ihre größte Bedeutung hat. So sind Volumenziele vor allem in der Reach-Phase von Bedeutung, während Wertziele in der Convert-Phase relevant sind.

Je nach definierten Zielen ist im nächsten Schritt der **Content**, welcher die Zielerreichung sicherstellen soll, zu planen und entwickeln. Dabei kann Abb. 4.3 zunächst als Content-Inspiration dienen. Sie zeigt übersichtlich auf, welche Content-Arten grundsätzlich zur Verfügung stehen.

Bei der konkreten Ausgestaltung des Contents sind u. a. folgende Aspekte zu berücksichtigen:

1. **Teilbar:** In digitalen Zeiten kommt es ganz besonders auf teilbaren Content an. Denn Kommunikationsbotschaften können sich im digitalen Raum schnell und überregional verbreiten – was allerdings natürlich auch für negativ empfundene Inhalte gilt!
2. **Fit:** Der Content muss sowohl zum Unternehmen, zur Zielgruppe und zum Medium passen. So erwarten die jüngeren User auf Snapchat deutlich „hippere" und kürzere Beiträge als die User der Webseite oder des Instragram-Accounts des Unternehmens.
3. **Headline:** Medienübergreifend gilt es, bei der Content-Erstellung ein großes Augenmerk auf die jeweilige Headline zu legen. Denn diese hat als

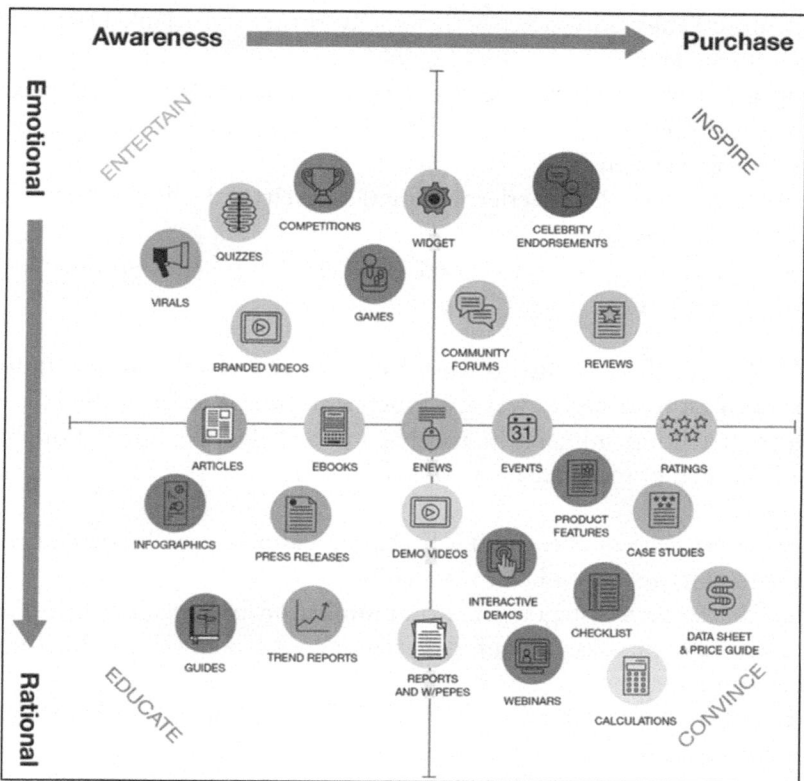

Abb. 4.3 Content-Arten nach Grad der Emotionalisierung und Customer-Journey-Phase. (Quelle: Smart Insights 2014)

Überschrift z. B. eines Websiteartikels, Primärlinks bei Google-Suchergebnislisten, Betreffzeile einer E-Mail oder Kernbotschaft innerhalb eines Instragram-Posts ganz besondere Relevanz für die Aufmerksamkeit und das Verhalten des Users.

„On the average, five times as many people read the headline as they read the body copy. When you have written your headline, you have spent eighty cents out of your dollar" (David Ogilvy)

Daher seien im Folgenden sieben Tipps (inklusive Beispiele) zum Verfassen einer aufmerksamkeitsgenerierenden und aktionsorientierten Headline genannt:

1. Zahlen (am Anfang) integrieren – „7 Wege zum Glück!"
2. Ausdruck „How to" verwenden – „How to become a digital expert in one week!"

3. Bekannte Fehler adressieren – „Kundenverlust? Muss dank Data Science nicht mehr sein!"
4. Fragen stellen – „Wer hat die größte Chance auf den Weltmeistertitel?"
5. Kurze, präzise Headlines verwenden – Google zeigt typischerweise die ersten 50–60 Zeichen
6. Fotos ergänzen – Es generiert Aufmerksamkeit und sollte den Inhalt geeignet wiedergeben
7. Best-Practice-Beispiele verwenden – „Diese 3 top Tools optimieren Ihre Customer Journey"

Schließlich sollte eine **Integration bzw. das Orchestrieren der digitalen Kommunikation** erfolgen, was aus Synergiegründen bereits in der Phase der Content-Erstellung mitgedacht werden muss. Folgende Integrationsstrategien bieten sich grundsätzlich an (vgl. IPA 2011):

- *Werbeideeorientierte* Integration: Kommunikation über alle Medien erfolgt anhand einer zentralen kreativen Leitidee
- *Markenorientierte* Integration: Kommunikation basiert auf einheitlichem Markenkonzept, das oft auf den zentralen Markenwerten der Organisation aufbaut
- *Dialogorientierte* Integration: Ziel ist es, einen gemeinsamen Dialog oder ein gemeinsames Gespräch über alle Kanäle zu schaffen

Die Effektivität dieser Integrationsstrategien ist abhängig von dem verfolgten Ziel. Für die Kundengewinnung eignet sich die werbeorientierte Integration, da sie z. B. neue Kaufimpulse setzen kann. Um Kunden zu binden oder ein Abwandern zu verhindern, eignet sich eher die markenorientierte Integration, welche auf langfristige Werte und Kundenbeziehungen angelegt ist. Die dialogorientierte Integration bietet sich vor allem für den Markenaufbau und die Markenbekanntheit an, während sie eher weniger auf kurzfristige Abverkäufe einzahlt.

Aus Sicht des Customer-Experience-Managements sollte primär auf dialogorientierte und markenorientierte Integration gesetzt werden. Praxiserfahrungen zeigen, dass die werbeorientierte Integration aufgrund ihrer eher kurzfristigen und umsatzorientierten Ausrichtung weniger im Kontext kundenerfahrungenzentrierter Angebote geeignet ist. Die kurzfristige Natur erhöht die Gefahr, dass diese Integrationsform den Kerngedanken der langfristig ausgelegten DNA nicht (in ausreichendem Maße) aufgreift.

Ein geeignetes Verfahren, um die Effektivität unterschiedlicher Kommunikationsmaßnahmen zu (frühzeitig) zu testen, stellt das A/B-Testing dar.

4.2 A/B-Testing

Wie im Kontext des Design-Thinking-Ansatzes beschrieben, besteht ein wichtiger Baustein zur Schaffung nachhaltiger Produkt- und Markterfolge in dem frühzeitigen Testen von Prototypen. A/B-Tests stellen eine zunehmend populäre Form von Markttests dar. Sie verfolgen das Ziel, vor allem Marketingaktivitäten wie bspw. die Versendung von E-Mails oder den Webauftritt eines Unternehmens zu optimieren. Insbesondere aufgrund der in digitalen Zeiten massenhaften Verfügbarkeit von Onlinedaten, wird diese quantitative Analysemethode bei einer Vielzahl großer und kleinerer Unternehmen vermehrt eingesetzt.

Was früher oft über das Bauchgefühl oder in qualitativen Gruppendiskussion des Marketingteams entschieden wurde, kann heute auf Grundlage quantitativer Analysen (hier im Rahmen des A/B-Testings) gesteuert und optimiert werden. Dabei kommen Testverfahren der Inferenzstatistik zum Einsatz, um zufällige Unterschiede von signifikanten Unterschieden zwischen den entwickelten Varianten zu unterscheiden und Ableitungen für eine größere Population ziehen zu können. Anhand der Testergebnisse kann identifiziert werden, welche Variante die erfolgversprechendste ist, und so können z. B. die Betreffzeile des Newsletters oder der Online-Kaufbutton optimiert werden (vgl. Abb. 4.4).

Die Anwendbarkeit von A/B-Tests ist enorm breit und betrifft eine Vielzahl von Fragestellungen im digitalen Marketing. Typische Anwendungsfel-

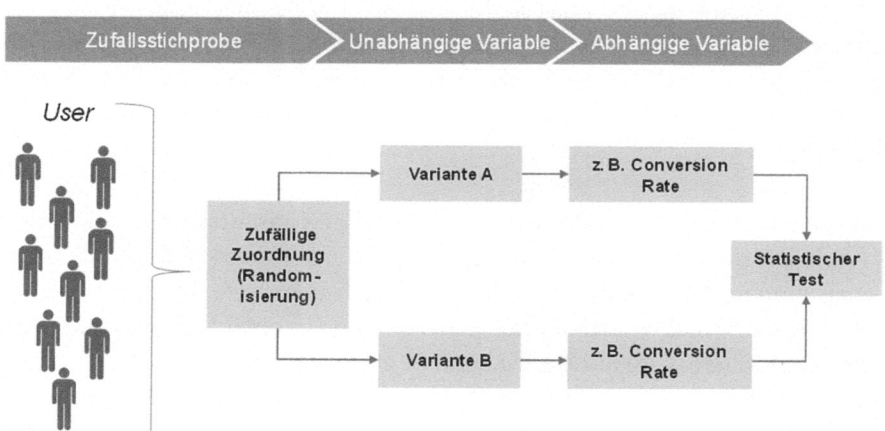

Abb. 4.4 Grundsätzlicher Ablauf eines A/B-Tests. (Quelle: Stegemann und Suwelack 2020)

Tab. 4.1 Typische Anwendungsfelder für A/B Tests im Überblick

Anwendungsfelder	Exemplarische Fragestellung	Exemplarische Hypothese
E-Mail-Marketing	Welcher Betreff führt zur höchsten Öffnungsrate eines Newsletters?	Erwähnung eines Angebots ist besser als „Newsletter [Mon][Jahr]"
	Wie hoch ist der optimale Wert eines Gutscheins bzgl. des ROIs?	Ein Rabattcode über 15 Euro führt zu einem höheren ROI als 10 Euro.
Website und App	Welches Bild auf der Landingpage ist ansprechender für Besucher?	Ein emotionaleres Bild führt zu längeren Verweildauern.
	Wo sollte die Möglichkeit zur Kontaktaufnahme positioniert sein?	Kontaktaufnahme im Header wird mehr genutzt als im Footer.
Online Ads	Welcher Anzeigentitel ist ansprechender bei Google Ads?	Titel XY führt zu einer höheren Klickrate als der aktuelle Titel.
	Sollten Videos in Anzeigen bei Facebook integriert werden?	Videos führen zu einer höheren Klick- sowie Kaufrate als Bilder.
E-Commerce	Wie sollte der Kaufbutton für eine optimale Conversion gestaltet sein?	Ein grüner, größerer Kaufbutton führt zu mehr Käufen als der aktuelle.
	Welche Zahlungsmöglichkeiten sollten bestehen?	Integration von Paypal führt zu mehr Käufen als Sofortüberweisung.

Quelle: Stegemann und Suwelack (2020)

der inklusive exemplarischer Fragestellungen und Hypothesen sind zwecks einer besseren Veranschaulichung in Tab. 4.1 dargestellt.

Die unterschiedlichen Fragestellungen lassen sich im Übrigen jeweils der Response im Stimulus-Organismus-Response-Modell (vgl. Abschn. 3.2) zuordnen, da sie jeweils auf ein beobachtbares Verhalten abzielen. Diese verhaltensorientierten Ziele stellen jeweils Conversions dar und lassen sich wie folgt zweiteilen:

- Macro-Conversions sind Zielgrößen, die als gewünschtes Endresultat einer Verhaltenskette von Konsumenten angesehen werden können und oft einen direkten ökonomischen Effekt nach sich ziehen (z. B. Produktkauf).
- Micro-Conversions stellen hingegen Vorstufen in einer Verhaltenskette hin zu einer Macro-Conversion dar. Anders ausgedrückt sind sie Zwischenziele entlang der Customer Journey. So ist die Absprungrate definiert als das sofortige Verlassen einer Website nach Aufruf, und die Verringerung dieser ist ein Ziel, das als Micro-Conversion bezeichnet werden kann.

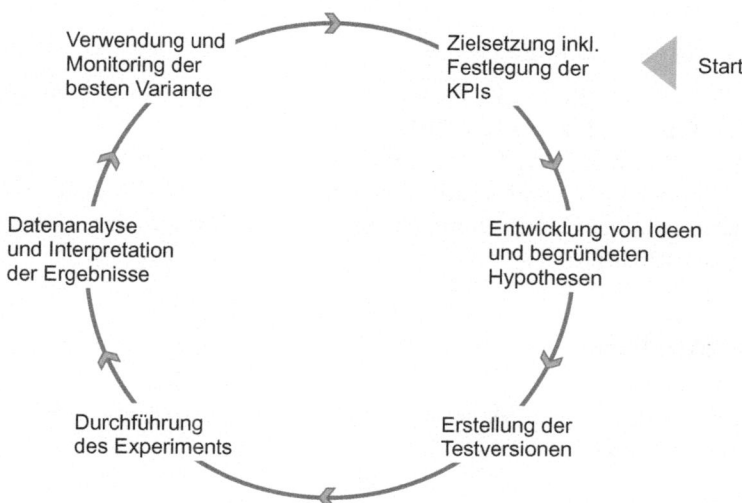

Abb. 4.5 Typischer Prozess des A/B-Testings und des multivariaten Testings. (Quelle: Stegemann und Suwelack 2020)

Um die richtigen Schlüsse im Hinblick auf diese Zielgrößen im Kontext des A/B-Tests ziehen zu können, ist eine systematische Vorgehensweise gemäß Abb. 4.5 zwingend erforderlich. Dieses idealtypische Vorgehen entspricht im Wesentlichen dem wissenschaftlichen Prozess bei der Erforschung eines Sachverhaltes. Auf eine tiefergehende Erläuterung der einzelnen Schritte des Prozesses sowie eine Beschreibung typischer Fallstricke vor allem bei der statistischen Durchführung des A/B-Tests sei an dieser Stelle verzichtet, sondern auf die Literatur von Stegemann und Suwelack (2020) verwiesen.

Literatur

Zeitschriften-/Zeitungsartikel

IPA: Integration: how to get it right and deliver results. In: Summary of an Institute of Practitioners in Advertising Members Report, Juni (2011)

Buch

Chaffey, D., Ellis-Chadwick, F.: Digital Marketing: Strategy, Implementation and Practice. Prentice Hall, Harlow (2018)

Stegemann, M. & Suwelack, T.: A/B-Testing – Ein Verfahren zur Optimierung der Digitalen Interaktion von Konsumenten und Unternehmen. In: Boßow-Thies, S., Hofmann-Stölting, C. & Jochims, H.: Data-Driven Marketing, Springer Gabler, Wiesbaden (2020)

Internetquellen

Smart Insights: The Content Marketing Matrix (2014). smartinsights.com. Zugegriffen am 25.04.2020

Was Sie aus dieser Toolbox mitnehmen können

1. Sie verfügen über ein tieferes und interdisziplinäres Verständnis, was genau die zentrale Zielgröße in der heutigen Wirtschaftswelt – die Customer Experience – ausmacht.
2. Dieses Verständnis versetzt Sie in die Lage, die zentrale Zielgröße proaktiv zu managen und somit nachhaltige Wettbewerbsvorteile sicherzustellen.
3. Sie verfügen über ein kompaktes CX-Framework sowie die in den Framework-Schritten jeweils relevanten Tools, welche bei der erfolgreichen Entwicklung und Implementierung ihrer kundenerfahrungszentrierten Unternehmensaktivitäten verwendet werden können.
4. Sie verfügen über einen übersichtlichen und dennoch konkreten „Fahrplan", um ihre Kunden für Ihr Unternehmen zu gewinnen und zu binden. Ebenso sollte der NPS-Wert Ihres Unternehmens nach Anwendung des CX-Frameworks in Ihrem Unternehmenskontext über dem Branchendurchschnitt liegen.
5. Sie können die wesentlichen Themen, auf die es in der heutigen Geschäftswelt ankommt, gedanklich besser verorten und durchdringen, was die entscheidende Grundlage zur erfolgreichen Implementierung dieser Themen im Unternehmen darstellt.

© Der/die Herausgeber bzw. der/die Autor(en), exklusiv lizenziert durch Springer
Fachmedien Wiesbaden GmbH, ein Teil von Springer Nature 2020
T. Suwelack, *Toolbox Customer Experience*, https://doi.org/10.1007/978-3-658-30698-4

The manufacturer's authorised representative in the EU is Springer
Nature Customer Service Centre GmbH, Europaplatz 3, 69115 Heidelberg,
Germany. If you have any concerns regarding our products, please
contact ProductSafety@springernature.com

Printed and bound by CPI Group (UK) Ltd, Croydon, CR0 4YY
28/04/2026
02098537-0006